Schnell und einfach zur Diplomarbeit

Impressum

Bibliographische Information der Deutschen Bibliothek:
Die Deutsche Bibliothek verzeichnet diese Publikation in der
Deutschen Nationalbibliographie; detaillierte bibliographische
Daten sind im Internet über http://dnb.ddb.de abrufbar.

© 2007, 6. aktualisierte Auflage
BW Bildung und Wissen
Verlag und Software GmbH
Südwestpark 82
90449 Nürnberg

Tel. 0911 / 9676-300
Fax 0911 / 9676-189
E-Mail: serviceteam@bwverlag.de
http://www.bwverlag.de

Umschlaggestaltung: Karin Lang, Nürnberg
Titelfotos: André Morre, Karin Lang (oben),
Sebastian Schaeffer (unten)
Layout und Satz: Rolf Wolle, Fürth
Druck: Druckhaus Oberpfalz, Amberg

ISBN 978-3-8214-7664-3

Ariane Charbel

Schnell und einfach zur Diplomarbeit

Der praktische Ratgeber für Studenten

Bildung und Wissen Verlag
www.bwverlag.de

Vorwort

Liebe Leserin, lieber Leser,

jeder, der eine Bachelor-, Master-, Magister-, Diplom- oder Staats-
examensarbeit[1] in Angriff nimmt, kennt auch dieses Gefühl von
Panik, das sich früher oder später einschleicht. Sie sollen nun
eine wissenschaftliche Arbeit verfassen und damit rund 100 Seiten füllen. Womöglich haben Sie die Arbeit schon offiziell angemeldet und der Countdown läuft. Hilfe!

Keine Sorge – Sie schaffen das. Dieses Buch hilft Ihnen dabei.
Hier finden Sie alles rund um Ihre Arbeit erklärt – angefangen
damit, welche Rahmenbedingungen Sie von vornherein kennen
sollten, und aufgehört damit, wie Sie Ihre Arbeit auch noch in
letzter Minute fertig stellen können. Und natürlich alles zum
Schreiben selbst, zu den formalen Details und, und, und... Alles
wird Schritt für Schritt in verständlicher Form erklärt. Dabei ist
dieses Buch zugleich:

▸ eine Einführung: Lesen Sie bei Bedarf vor jedem neuen
  Arbeitsschritt das entsprechende Kapitel einmal ganz durch,
  und Sie wissen, worauf es ankommt. Eine klare Gliederung
  innerhalb der einzelnen Kapitel und viele praxisbezogene Beispiele sorgen dafür, dass Ihnen das Lesen leicht fällt.

▸ ein Handbuch: Holen Sie sich gezielt die Informationen, die
  Sie brauchen. Eine Kapitelübersicht zu Beginn jedes Kapitels
  und eine Zusammenfassung am Ende eines jeden Kapitels
  ermöglichen Ihnen eine schnelle Orientierung.

[1] Der Einfachkeit halber verwende ich im folgenden Text den Begriff
„Diplomarbeit" als Synonym für alle diese Abschlussarbeiten.

Geschrieben wurde dieses Buch aus der Praxis für die Praxis. Als Germanistin habe ich lange Zeit Studenten und Examenskandidaten in puncto wissenschaftliches Arbeiten und Schreibtechniken beraten. Dabei fiel mir auf, dass fast alle Arbeiten nach dem Prinzip Learning by Doing entstehen. Und wie viel einfacher die Sache doch wäre, hätte man einen kompetenten Leitfaden zur Seite.

Mittlerweile erscheint dieser Leitfaden in der sechsten, aktualisierten Auflage und der Erfolg dieses Buches zeigt, dass die hier gebotene Hilfestellung ankommt. Hierüber freue ich mich natürlich sehr und möchte mich an dieser Stelle noch einmal bei allen bedanken, die mir mit Rat und Tat zur Seite gestanden haben.

Allen Lesern, die ihre Abschlussarbeit noch vor sich haben, wünsche ich: Gutes Gelingen! Kopf hoch, Sie schaffen das.

Ariane Charbel

P.S.: Ich würde mich freuen, von Ihnen zu hören.

1. Es geht los: Die Vorarbeiten

Überblick

1.1. Rahmenbedingungen abklären

Gehen Sie Ihre Diplomarbeit an, vereinfacht es die Sache sehr, wenn Sie wissen, welche Rahmenbedingungen mit Ihrer Arbeit verknüpft sind. In diesem Kapitel werden deshalb besprochen:

▶ die Vorgaben des Prüfungsamtes

▶ die Anforderungen Ihres Dozenten

▶ Ihre eigenen Erwartungen und persönlichen Voraussetzungen

Anhand von Checklisten können Sie feststellen, welche Bedingungen Sie von vornherein bei Ihrer Planung als auch später bei Ihren einzelnen Arbeitsschritten berücksichtigen sollten.

1.1. Rahmenbedingungen abklären

Jetzt ist es also soweit: Sie schreiben Ihre Diplomarbeit!

Die Zeit läuft, womöglich ist gar Ihr Abgabetermin schon in greifbare Nähe gerückt, und manchmal haben Sie das Gefühl, zu verzweifeln. Bücherberge, Zettelchaos und erste Entwürfe bilden einen scheinbar unüberschaubaren Berg.

Was macht es eigentlich so schwer, eine Diplomarbeit zu schreiben? Da ist zum einen die Sache an sich: Sie müssen ein Thema finden, Material recherchieren, Aufbau und Inhalt Ihrer Arbeit festlegen, Ihre Untersuchung in eine vernünftige sprachliche Form bringen, dabei gewisse Formalien einhalten, usw. – eben alles, was Sie in den nächsten Kapiteln dieses Buchs besprochen finden.

Andererseits vollziehen Sie diese einzelnen Arbeitsschritte nicht im luftleeren Raum, sondern unter bestimmten Bedingungen. So gibt Ihnen z.B. das Prüfungsamt[2] die Zeit vor, Ihr Dozent[3] erwartet, dass Sie bestimmte Formalien einhalten. Und Sie selbst haben möglicherweise den Anspruch, mit bahnbrechenden Forschungsergebnissen aufzuwarten, gleichzeitig aber noch zwei Nebenjobs. Anders ausgedrückt, schreiben Sie in Abhängigkeit von:

---

[2] „Prüfungsamt" wird hier als Begriff für Ihre zuständige Prüfungsbehörde verwendet, die auch Dekanat o.Ä. heißen kann.

[3] Ihr Dozent = Ihr Erstleser, derjenige, der Ihre Arbeit in erster Linie betreut und benotet. Sind für Sie Erst- und Zweitleser gleichermaßen von Bedeutung, beziehen Sie „Dozent" entsprechend auf beide.

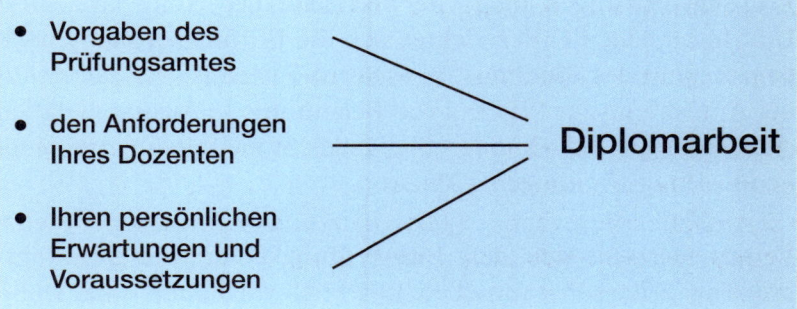

Machen Sie sich diese Rahmenbedingungen klar – das erleichtert Ihre Arbeit ungemein. Denn wissen Sie,

▸ wer was von Ihnen erwartet,
▸ welche Vorgaben Sie erfüllen müssen und
▸ welche Voraussetzungen Sie mitbringen,

können Sie sich von vornherein bei der Planung als auch später bei den einzelnen Arbeitsschritten entsprechend darauf einstellen.

Die Vorgaben des Prüfungsamtes

Das Prüfungsamt wirkt auf den ersten Blick oft beeindruckend: strikte Öffnungszeiten, offizielle Formulare und Mitarbeiter, mit denen Sie wenig verbindet. Lassen Sie sich nicht einschüchtern. Hier bekommen Sie die Informationen, die Sie brauchen. Und wenn Ihnen etwas unverständlich ist, fragen Sie lieber zweimal nach.

Die Anforderungen des Prüfungsamtes an Ihre Diplomarbeit sind in den jeweiligen Studien- und Prüfungsordnungen Ihres Fachbereichs festgelegt. Besorgen Sie sich Ihre Prüfungsordnung möglichst frühzeitig und in der für Sie geltenden Fassung. Ist Ihre Universität im Internet vertreten, finden Sie die

Prüfungsordnungen möglicherweise auf der Homepage Ihrer Uni. In manchen Fällen richtet sich die Prüfungsordnung nach dem Beginn des Studiums, in anderen Fällen ist der Zeitpunkt der Anmeldung zur Prüfung von Bedeutung. In Ausnahmefällen – auch das gibt es – können Sie vielleicht zwischen verschiedenen Prüfungsordnungen wählen.

Vergewissern Sie sich, dass Ihre Prüfungsunterlagen (Prüfungsordnung, Zulassungsantrag etc.) wirklich vollständig sind. Dann widmen Sie sich den Details. Und auch wenn es Spannenderes gibt, als Prüfungsunterlagen zu sichten: Gehen Sie sorgfältig vor. Manchmal sind die unscheinbarsten Formulierungen ausschlaggebend.

Welche grundsätzlichen Prüfungsvorschriften müssen Sie beachten?

Zulassungsbedingungen
▸ Welche Bedingungen muss ich erfüllen, um meine Diplomarbeit überhaupt offiziell anmelden zu können? Welche Scheine / Pflichtstunden und was sonst muss ich nachweisen?

Zulassungsformalitäten
▸ Wie melde ich meine Diplomarbeit offiziell an? Welche Formalitäten muss ich einhalten (Antragsformulare, Unterschriften, Fristen)?

Erst- und Zweitleser
▸ Welchen Einfluss habe ich auf die Ernennung des Erst- bzw. Zweitlesers?
▸ Wie ist die Rolle der beiden offiziell geregelt? Wer ist formell mein Ansprechpartner? Welchen Einfluss haben die

Stimmen von Erst- und Zweitleser bei der Benotung meiner Arbeit?

Themenvergabe
▸ Wie erhalte ich ein Thema für meine Diplomarbeit? Habe ich ein offizielles Mitspracherecht?
▸ Lässt sich der vom Prüfungsamt vorgegebene Titel für meine Arbeit im Verlauf der Bearbeitungszeit noch ändern?

Stellenwert der Diplomarbeit im gesamten Examen
▸ Zu wie viel Prozent zählt die Note der Diplomarbeit in der Gesamt-Abschlussnote?
▸ Inwieweit wirkt sich das Thema meiner Diplomarbeit auf die übrigen Prüfungen aus?
▸ Muss ich die Inhalte meiner Diplomarbeit womöglich auch in einer mündlichen Prüfung vertreten? Oder dürfen sich das Thema meiner Diplomarbeit und die Themen der übrigen Prüfungen nicht überschneiden? Vorausgesetzt, ich kann die Themen meiner Arbeit und meiner mündlichen Prüfungen mitbestimmen: Welches Thema eignet sich wozu?

Abgabetermin
▸ Innerhalb welcher offiziellen Frist muss die Arbeit geschrieben sein? Besteht die Möglichkeit, schon vor der offiziellen Anmeldung mit der Arbeit zu beginnen? Falls ja, wann melde ich meine Arbeit offiziell an?
▸ Welche Möglichkeiten der Fristverlängerung bestehen? Welche kommen davon für mich in Frage? Wann muss ich mich in welcher Form darum kümmern?

Klären Sie die direkt auf Ihre Arbeit bezogenen Prüfungsbestimmungen und prüfen Sie hierbei grundsätzlich: Handelt es sich bei den Prüfungsbestimmungen zu Inhalt und Form Ihrer Arbeit um verbindliche Vorschriften oder um unverbindliche Empfehlungen? Und: Wie unverbindlich sind die „unverbindlichen Empfehlungen" tatsächlich? Setzt Ihr Dozent möglicherweise stillschweigend voraus, dass Sie sich an diese Empfehlungen halten?

Welche Prüfungsvorschriften müssen Sie in Bezug auf Ihre Arbeit einhalten?

Inhalt
▸ Welche Anforderungen stellt das Prüfungsamt an das Thema und an die Methodik meiner Arbeit?
▸ Ist der Umfang meiner Arbeit festgelegt?
▸ Muss ich der Arbeit eine Erklärung beifügen, in der ich versichere, dass ich die Arbeit allein abgefasst habe und alle Quellen angebe? An den Anfang oder ans Ende der Arbeit? Inwieweit ist die Formulierung der Erklärung vorgegeben?

Form
▸ Welche Bestimmungen muss ich beachten z.B. in Bezug auf: Buchbindung, Deckblatt, Inhalts-, Abkürzungs-, Tabellen- und Literaturverzeichnis, Fußnoten, Layout (Schriftart und -größe, Zeilenabstand, Rand)?

In Zweifelsfällen haken Sie nach. Ansprechpartner sind:
▸ Mitarbeiter des Prüfungsamtes (Lassen Sie sich mündlich zugesicherte Ausnahmeregelungen immer schriftlich zusichern.)

▸ Ihr Dozent
▸ Angehörige der Fachschaft
▸ Andere Examenskandidaten

Die Anforderungen Ihres Dozenten

Machen Sie sich rechtzeitig und gründlich damit vertraut, was Ihr Dozent von Ihrer Arbeit und Ihnen erwartet. Steht Ihr Dozent noch nicht fest, nehmen Sie entsprechend die potentiell in Frage kommenden Dozenten unter die Lupe. (Grundsätzlich in Betracht kommen Dozenten, die vom Prüfungsamt als Prüfer zugelassen sind, die Ihrem fachlichen Schwerpunkt / Wunschthema entsprechen und denen gegenüber Sie nicht von vornherein ein ungutes Gefühl haben.)

Die Anforderungen Ihres Dozenten können Sie nirgends vollständig nachlesen. Daraus folgt für Sie zweierlei:

▸ Sie haben einen gewissen Handlungsspielraum.
Die Anforderungen Ihres Dozenten sind keine verbindlichen Vorschriften, sondern persönliche Erwartungen an Sie und Ihre Arbeit. Sie können – zumindest theoretisch – mit Ihrem Dozenten diskutieren und Ihre Vorstellungen einbringen. Kommen Sie mit Ihrem Dozenten nicht überein, müssen Sie Prioritäten setzen. Denn auch wenn Ihr Dozent Ihre Arbeit benotet: Es ist Ihre Arbeit und Sie müssen dahinter stehen können.

▸ Sie müssen herausfinden, welche Anforderungen Ihr Dozent stellt.
Und das bedeutet in der Regel mehr als ein Sprechstundenbesuch vorab. Denn die Vorstellungen Ihres Dozenten können sich im Verlauf Ihrer Diplomarbeitszeit durchaus verändern.

Außerdem überfordern Sie sowohl Ihren Dozenten als auch sich selbst, wenn Sie bei einem einzigen Termin restlos alles, vom Thema Ihrer Arbeit angefangen bis hin zum Literaturverzeichnis, besprechen wollen. Darüber hinaus schließlich gibt es Fragen, die Ihren Dozenten möglicherweise an Ihrer Examensreife zweifeln lassen und die Sie deshalb besser durch andere Quellen beantworten.

Am einfachsten erkunden Sie die Ansprüche Ihres Dozenten in zwei Schritten:
▸ Machen Sie sich zunächst klar, welche Ansprüche Ihr Dozent haben könnte und
▸ finden Sie dann heraus, welche Ansprüche Ihr Dozent tatsächlich hat.

Welche Anforderungen könnte Ihr Dozent stellen?

■ **An den Inhalt Ihrer Arbeit:**
▸ Thematische Schwerpunkte
Was sollten Sie untersuchen? Mit welchen Schwerpunkten? Welche Theorien und Autoren sollten Sie berücksichtigen? Sollte die Arbeit einen Praxisbezug haben?

▸ Aufbau
In welchen Schritten sollten Sie vorgehen?

▸ Methoden
Wie sollten Sie vorgehen? Welche Untersuchungsmethoden sollten Sie einsetzen?

▸ Quellenmaterial der Arbeit
Welche Quellen sollen Sie, welche dürfen Sie verwenden? (Wie steht es z.B. mit mündlichen Auskünften, Interviews, Internetinformationen, Gebrauchstexten, etc.?)

■ **An die Form Ihrer Arbeit:**

▸ Quellenangaben
In welcher Form geben Sie Ihre Quellen an? Was sollten Sie bei ungewöhnlichen Quellen (z.B. Videoaufnahmen, von Ihnen verfasste Protokolle) beachten?

▸ Zitierweisen
Was sollten Sie beim Zitieren beachten?

▸ Sonstige Bestandteile der Arbeit
Sollten Sie sich bei der Gestaltung von Literatur- und Inhaltsverzeichnis an bestimmte Vorgaben halten? Sind sonstige Verzeichnisse, z.B. Tabellen- oder Abkürzungsverzeichnis, erwünscht? Wie steht es mit einem Anhang?

▸ Layout
Welche Schriftart, Schriftgröße? Welcher Zeilenabstand, welcher Rand?

■ **An sonstige Aspekte Ihrer Arbeit:**

▸ Umfang
Wie lang soll Ihre Arbeit mindestens werden, wie lang höchstens? Falls Sie einen umfangreichen Anhang planen: Geht der Anhang in die Seitenzählung mit ein?

▸ Grafische Mittel
Sollten Sie Tabellen, Diagramme etc. einbringen? Möglichst viel Text durch Grafik ersetzen?

▸ Sprache
Sollte sich Ihre Arbeit durch einen bestimmten Sprachstil auszeichnen, wie z.B. persönlich gehaltener Stil, ausgiebige Verwendung von Fachausdrücken o.Ä.?

■ **An Ihr Verhalten:**
▸ Sprechstundenbesuche
Sollten Sie regelmäßig in der Sprechstunde auftauchen?

▸ Abgabe von Arbeitsproben
Sollten Sie sporadisch zwischendurch Kostproben von dem, was Sie bislang geschrieben haben, abliefern? Oder systematisch Kapitel für Kapitel einreichen?

▸ Besuch von Examensgruppen / Seminaren
Erwartet man Ihre Teilnahme an Examensgruppen oder Kolloquien? An sonstigen Lehrveranstaltungen? Oder sollen Sie zumindest einmalig Ihre Arbeit in einem Seminar o.Ä. vorstellen?

Nehmen Sie diese Liste als Ausgangspunkt und finden Sie heraus:

Welche Anforderungen hat Ihr Dozent tatsächlich?

Nicht alle der hier angeführten Anforderungen müssen auf Ihren Dozenten zutreffen, dafür aber legt er vielleicht Wert auf etwas, das in der oben angeführten Liste gar nicht enthalten ist. Machen Sie sich schlau durch:

■ **Das persönliche Gespräch mit Ihrem Dozenten**
Die wichtigste und aktuellste Informationsquelle überhaupt – auch wenn die Sprechstunden mancher Dozenten eher den Charakter einer königlichen Privataudienz haben. Erleichtern Sie Ihre Zusammenarbeit und:
▸ Stellen Sie gezielte Fragen. Wenn nötig, machen Sie sich vorher eine Liste und nehmen Sie diese ruhig mit in die Sprechstunde. Erwarten Sie nicht, dass Ihr Dozent weiß, was Ihnen auf dem Herzen liegt.

‣ Hören Sie aufmerksam zu. Fassen Sie wichtige Aussagen noch einmal zusammen, um Missverständnissen vorzubeugen. Falls erforderlich, schreiben Sie mit.

‣ Fragen Sie in Zweifelsfällen nach. Lassen Sie sich von dem Wissens- und Machtgefälle zwischen Ihnen und Ihrem Dozenten nicht übermäßig beeindrucken.

■ **Kommunikation per E-Mail**
Besitzt Ihr Dozent eine E-Mail-Adresse? Ergänzen Sie bei Bedarf Ihre Sprechstundenbesuche durch E-Mails. Womöglich ist Ihr Dozent hier viel zugänglicher als im persönlichen Gespräch.

■ **Bereits korrigierte Seminar- und Examensarbeiten**
Kramen Sie noch einmal alte Arbeiten hervor: Was lobt Ihr Dozent, was bemängelt er? Worauf scheint er besonderen Wert zu legen? Falls Sie selbst bei diesem Dozenten noch keine schriftliche Arbeit abgegeben haben, vielleicht findet sich ein Kommilitone, der weiterhelfen kann.

■ **Literatur, die Ihr Dozent verfasst hat**
Besorgen Sie sich die Forschungsliteratur Ihres Dozenten. Welche Thesen und Methoden vertritt er in seinen Schriften? Hat er sich vielleicht an irgendeiner Stelle (z.B. Internet, Skripte) ausdrücklich zu Diplomarbeiten geäußert? Welche formale Gestaltung (Quellenangaben, Zitierweisen) bevorzugt er? In welchem Stil schreibt er? Forschen Sie auch im Internet auf der Website Ihrer Hochschule nach oder suchen Sie mit einer der großen Suchmaschinen nach dem Namen des Dozenten.

■ **Gespräche mit Kommilitonen, Fachschaft und wissenschaftlichen Mitarbeitern des Dozenten**
Welche Erfahrungen haben Ihre Kommilitonen gemacht? Kennen Sie jemanden, der bereits Examen bei diesem Dozenten abgelegt hat? Was sagt die uniinterne Gerüchteküche?

(Lassen Sie sich allerdings nicht von irgendwelchen Schauergeschichten verrückt machen.) Welchen Ruf hat Ihr Dozent? Ist irgend etwas bei der Fachschaft bekannt? Vielleicht können Ihnen auch die wissenschaftlichen Mitarbeiter (vor allem die studentischen Hilfskräfte) weiterhelfen. Probieren Sie es einmal über die Seiten der Fachschaft oder des AStA im Internet. Oft gibt es dort Bereiche, in denen über Erfahrungen mit bestimmten Dozenten informiert wird.

■ **Besuch von Lehrveranstaltungen Ihres Dozenten**
Auch wenn Sie schon alle Scheine zusammen haben: Besuchen Sie – zumindest ab und zu – aktuelle Lehrveranstaltungen Ihres Dozenten. Mit welchen Themen und Methoden setzt sich Ihr Dozent zurzeit auseinander?

Spitzen Sie die Ohren, wenn von Ihrem Thema, Diplomarbeiten oder Diplomanden die Rede ist. Falls möglich, fragen Sie nach. Sind Ihnen die Anforderungen Ihres Dozenten klar, finden Sie heraus, wie es um Ihren Zweitleser bestellt ist. Regeln Ihr Dozent und Ihr Zweitleser die Betreuung Ihrer Arbeit unter sich? Oder spielt Ihr Zweitleser eine aktive Rolle? Sollten Sie womöglich Ihrem Zweitleser genauso viel Beachtung schenken wie Ihrem Erstleser? Ziehen Sie hierzu zu Rate:
▸ Ihre Prüfungsordnung
▸ Ihren Dozenten
▸ die Fachschaft
▸ andere Examenskandidaten
▸ und nicht zuletzt: Halten Sie Rücksprache mit Ihrem Zweitleser.

Stellt sich heraus, dass Ihr Zweitleser eine große Rolle spielt, müssen Sie seine Erwartungen ebenfalls mit einbeziehen. Falls Sie großes Pech haben, hat Ihr Zweitleser ganz andere Vorstellungen als Ihr Erstleser. Sie müssen dann mit viel Fingerspitzengefühl versuchen, beiden gerecht zu werden.

Ihre persönlichen Erwartungen und Voraussetzungen

Nicht nur das Prüfungsamt und Ihr Dozent, sondern auch Sie selbst bestimmen die Rahmenbedingungen Ihrer Arbeit. Klären Sie für sich möglichst zu Beginn Ihrer Arbeit: Welche Ansprüche stellen Sie? Welchen persönlichen Bedingungen müssen Sie Rechnung tragen?

Und, weil es sich dabei um keine statische Größe handelt, überprüfen Sie von Zeit zu Zeit, ob sich etwas geändert hat. Möglicherweise ahnten Sie z. B. zu Beginn der Arbeit noch gar nicht, dass es Ihnen so leicht fällt, mit Ihrem Computer Grafiken zu erstellen. Ihr Ehrgeiz wird geweckt und Ihre Ansprüche steigen in puncto optische Gestaltung erheblich.

Prinzipiell: Nehmen Sie Ihre eigenen Vorstellungen hinsichtlich Ihrer Diplomarbeit ernst! Schließlich ist es Ihre Arbeit und Sie werden in den nächsten Monaten viel Zeit, Kreativität und Nerven in diese Arbeit stecken. Nicht nur das Prüfungsamt und Ihr Dozent sollten mit dem Ergebnis zufrieden sein, sondern auch Sie selbst. Gehen Sie in sich:

Was erwarten Sie von Ihrer Diplomarbeit?

Note
☐ Mir ist meine Note relativ egal. Hauptsache, durch, oder:
☐ Ich möchte eine möglichst gute Note erhalten.

Weitergehende Verwendung der Arbeit
Ich möchte meine Diplomarbeit später
☐ verwenden, um Kontakte zu potentiellen Arbeitgebern herzustellen,
☐ zur Grundlage einer Masterarbeit oder Promotion machen,

☐ veröffentlichen,

☐ an interessierte Firmen o.Ä. verkaufen,

☐ nichts dergleichen.

Inhalt

☐ Liegen mir ein bestimmtes Thema, bestimmte Theorien oder Autoren besonders am Herzen?

☐ Soll die Arbeit eher praxisbezogen oder theoretisch ausgerichtet sein?

☐ Schwebt mir ein bestimmter Aufbau der Arbeit vor?

☐ Bevorzuge ich bestimmte Untersuchungsmethoden, z.B. theoretische Analyse, empirische Untersuchung, statistische Auswertungsmethoden etc.?

☐ Möchte ich neben der üblichen Fachliteratur anderes Quellenmaterial verwenden (z.B. selbst durchgeführte Interviews, Videoaufnahmen o.Ä.)?

Formale Aspekte

☐ Lege ich bei meinen Quellenangaben und Zitaten Wert auf eine bestimmte Form?

☐ Möchte ich der Arbeit einen Anhang, ein Abkürzungsverzeichnis oder ein Tabellenverzeichnis beifügen? Habe ich bereits eine Vorstellung, wie mein Inhalts- und Literaturverzeichnis aussehen soll?

☐ Lege ich Wert auf ein bestimmtes Layout (Schriftart, Rand, Zeilenabstand etc.) – sofern nicht ohnehin durch das Prüfungsamt vorgeschrieben?

Sonstiges

☐ Wie lang sollte die Arbeit optimalerweise werden?

☐ Welchen Schreibstil bevorzuge ich?

☐ Möchte ich grafische Mittel, wie z.B. Tabellen, Zeichnungen etc., einsetzen?

Hilfreich bei der Erkundung eigener Ansprüche können sein:

▸ Diskussionen mit Kommilitonen und anderen Examens-kandidaten: Vielleicht schließen Sie sich einer Diplomanden-Gruppe an oder rufen selbst einen Diplomanden-Stammtisch o.Ä. ins Leben.

▸ Vergleich mit anderen Examensarbeiten: Besonders in Bezug auf die formale Gestaltung können Sie sich hier Anregungen holen. Wenn Sie Erfahrungen mit dem Internet haben, können Sie sich andere Examensarbeiten ggf. auf der Website Ihrer Hochschule oder der Fach- oder Studentenschaft ansehen. Hilfreich ist auch ein Internetanbieter wie Diplom.de *(www. diplom.de)*, der Diplomarbeiten zu allen möglichen Themen zum Verkauf anbietet und vor dem Kauf einen kostenlosen Einblick in die Gliederungen erlaubt. Im Internet finden Sie außerdem Formatvorlagen zum Download (Adressen siehe Seite 254ff.).

▸ Gespräche mit den Menschen in Ihrer Umgebung, die Ihnen während Ihrer Diplomarbeitszeit ohnehin mit Rat und Tat zur Seite stehen (müssen).

Wie sehen Ihre persönlichen Voraussetzungen aus?

Zeit
☐ Kann ich mich die nächsten Monate ausschließlich der Arbeit widmen? Oder:
☐ Muss ich mich außerdem um meinen Job und / oder meine Familie kümmern?

Elan
☐ Bin ich relativ ausgeruht und gespannt auf die Arbeit?

Oder:

☐ Bin ich gestresst und / oder wenig motiviert und bräuchte eigentlich Urlaub?

Vorwissen

☐ Weiß ich, wie man recherchiert? Auch nach ungewöhnlichen Quellen?

☐ Bin ich fit in puncto wissenschaftliche Formalien?

☐ Beherrsche ich die Untersuchungsmethoden, die ich voraussichtlich für die Arbeit brauche?

☐ Falls das Thema oder der Themenbereich schon feststehen: Habe ich mich bereits mit dem Thema befasst? Flüchtig oder intensiv?

Spezielle Begabungen

☐ Beherrsche ich Fremdsprachen, die nützlich sein könnten?

☐ Fällt es mir leicht, Berechnungen und Statistiken zu erstellen?

☐ Kann ich gut schreiben?

☐ Wie fit bin ich am Computer? Beherrsche ich die Textverarbeitung und wie steht es mit der Darstellung grafischer Mittel? Kenne ich jemanden, der weiterhelfen könnte?

☐ Was kann mein Computer? Brauche ich vielleicht zusätzliche Hard- oder Software?

☐ Bin ich eher praxisorientiert? Oder:

☐ Bin ich eher Theoretiker?

☐ Außerdem: ....

Und: Folgendes sollte ich erfahrungsgemäß besser vermeiden, umgehen oder auf das absolut Notwendige beschränken:

....

....

Finden Sie heraus, wo Ihre Stärken und wo Ihre Schwächen liegen. Sie erleichtern sich alle weiteren Arbeitsschritte ungemein, wenn Sie wissen, welche persönlichen Bedingungen Sie von vornherein mit einkalkulieren sollten.

So macht es z.B. wenig Sinn, wenn Sie Ihre Arbeit über einen französischen Autor schreiben wollen, gleichzeitig Ihre Französischkenntnisse kaum über „Bonjour" hinausreichen. Andererseits bedeutet dies natürlich nicht, dass Sie Ihre Anforderungen an Ihre Arbeit auf ein Minimum reduzieren. Demotivieren Sie sich nicht selbst, indem Sie sich viel zu wenig zutrauen. Beziehen Sie in die Planung Ihrer Arbeit, aber auch in jeden Ihrer Arbeitsschritte sowohl Ihre Ansprüche und Wunschvorstellungen als auch Ihre persönlichen Voraussetzungen mit ein.

So viel zu den Rahmenbedingungen Ihrer Diplomarbeit, sprich den Vorgaben des Prüfungsamtes, den Anforderungen Ihres Dozenten und Ihren persönlichen Erwartungen und Voraussetzungen.

Und zu guter Letzt: Lassen Sie sich von den ganzen mit Ihrer Arbeit verbundenen Vorgaben, Anforderungen, Erwartungen und Bedingungen nicht in Panik versetzen. Gehen Sie davon aus, dass Sie Ihre Diplomarbeit erfolgreich bewältigen werden, denn:

▸ Sie haben Ihr Studium bis hierhin geschafft, weshalb sollten Sie dann an dieser letzten Hürde scheitern? Grund- und Hauptstudium sind allen Widrigkeiten zum Trotz erfolgreich abgeschlossen – und ebenso werden Sie Ihre Diplomarbeit letztendlich bestehen.

▸ Glauben Sie wirklich, dass alle Kommilitonen, die das Diplom bereits in der Tasche haben, fähiger sind als Sie? Nein?! Warum also sollten dann ausgerechnet Sie scheitern?

Auch wenn es sich einfacher anhört, als es ist: Gehen Sie selbstbewusst an die Sache heran. Damit ist schon viel gewonnen.

Das Wichtigste in Kürze

Schreiben Sie Ihre Diplomarbeit, erleichtern Sie sich Ihre Planung und Ihre einzelnen Arbeitsschritte sehr, wenn Sie wissen, welche Rahmenbedingungen Sie berücksichtigen sollten.

Klären Sie die Vorgaben des Prüfungsamtes

▸ Auf den Hintergrund Ihrer Arbeit bezogene Bestimmungen: Zulassungsbedingungen, Zulassungsformalitäten zum Examen, Erst- und Zweitleser, Stellenwert der Arbeit im Examen, Zeitrahmen, Themenvergabe.

▸ Direkt auf Ihre Arbeit bezogene Bestimmungen: Inhaltliche Aspekte und formale Aspekte.

Prüfen Sie, welche Vorgaben Sie zwingend einhalten müssen. Fragen Sie in Zweifelsfällen nach. Lassen Sie sich Ausnahmeregelungen schriftlich bestätigen.

Machen Sie sich vertraut mit den Anforderungen Ihres Dozenten

Die Anforderungen Ihres Dozenten können sich beziehen auf:

▸ Inhalt Ihrer Arbeit, z.B. thematische Schwerpunkte, Methoden, Quellenmaterial
▸ Form Ihrer Arbeit, z.B. Quellenangaben, Zitierweise, Verzeichnisse, Layout
▸ Sonstige Aspekte, z.B. Umfang der Arbeit, sprachliche und grafische Gestaltung
▸ Ihr Verhalten als Diplomand, z.B. wie oft Sie die Sprechstunde besuchen etc.

Finden Sie heraus, was Ihr Dozent tatsächlich erwartet, durch:

▸ Gespräch mit Ihrem Dozenten
▸ bereits korrigierte Examens- und Seminararbeiten
▸ von Ihrem Dozenten verfasste Literatur
▸ Besuch seiner Lehrveranstaltungen
▸ Austausch mit Kommilitonen

Kalkulieren Sie ein, dass sich die Erwartungen Ihres Dozenten verändern können. Prüfen Sie außerdem, ob und wie Sie die Ansprüche Ihres Dozenten mit Ihren eigenen Erwartungen vereinbaren können.

Machen Sie sich ein Bild von Ihren persönlichen Erwartungen und Voraussetzungen

Berücksichtigen Sie auch Ihre persönliche Ausgangslage. Welche Erwartungen haben Sie in Bezug auf:

▸ die Note
▸ die weitergehende Verwendung Ihrer Arbeit
▸ inhaltliche, formale und sonstige Gesichtspunkte

Schätzen Sie außerdem Ihre Voraussetzungen ein: Wie viel Zeit und Energie haben Sie? Wie steht es mit Ihrem Vorwissen, Ihren Begabungen und Schwachpunkten? Bringen Sie Ihre Ansprüche und Voraussetzungen in Einklang. Überprüfen Sie von Zeit zu Zeit, ob sich Ihre Ausgangslage verändert hat.

Schließlich: Setzen Sie sich nicht unter Druck. Gehen Sie zuversichtlich an Ihre Arbeit heran.

Überblick

1.2. Ein Thema finden

Dieses Kapitel ist interessant für Sie, wenn Sie das Thema Ihrer Arbeit selbst auswählen können. Sie erhalten eine praktische Anleitung, wie Sie ein Thema finden können und worauf Sie dabei achten sollten.

Sie gehen in drei Schritten vor:

▸ Sie legen einen Themenbereich, über den Sie schreiben wollen, fest;

▸ Sie grenzen innerhalb Ihres Themenbereichs ein konkretes Thema ein;

▸ Sie überprüfen, ob Ihr Thema auch wirklich für eine Diplomarbeit geeignet ist.

1.2. Ein Thema finden

Wenn Sie Glück haben, können Sie sich das Thema Ihrer Diplomarbeit mehr oder weniger frei aussuchen. Damit stehen Sie aber
auch zugleich vor der Qual der Wahl, denn wo und wie beginnen?

Wenn Sie noch überhaupt keine Vorstellung haben, worüber Sie
schreiben möchten:

▸ Entscheiden Sie sich für einen Themenbereich, mit dem Sie
  sich beschäftigen wollen.

▸ Bestimmen Sie innerhalb dieses Themenbereichs ein konkretes Thema.

▸ Überprüfen Sie, ob Ihr Thema die grundsätzlichen Voraussetzungen eines Diplomarbeitsthemas erfüllt.

Wissen Sie dagegen bereits, über welchen Themenbereich Sie
schreiben wollen, fehlt Ihnen jedoch noch ein konkretes Thema,
überspringen Sie einfach den ersten Schritt und lesen Sie weiter
ab S. 35. Und haben Sie sich mehr oder weniger auch schon für
ein Thema entschieden, vergewissern Sie sich, dass Ihr Thema
auch geeignet für eine Diplomarbeit ist. Sie lesen dann weiter auf
S. 39. Zu den einzelnen Schritten:

Einen Themenbereich auswählen

Haben Sie noch gar keine Idee von Ihrem Thema, entscheiden Sie
sich zuerst einmal für den Bereich, aus dem es kommen soll. Über
welches Gebiet, über welchen Forschungsschwerpunkt Ihrer
Fachdisziplin wollen Sie schreiben? Kreisen Sie den Hintergrund

Ihres zukünftigen Themas ein, bevor Sie sich mit den Details befassen. Nehmen Sie dazu vier Auswahlkriterien zu Hilfe:

1	2	3	4
Ihre persönlichen Vorlieben und Interessen	Fachliche Schwerpunkte und thematische Vorstellungen Ihres Dozenten	Ihr Vorwissen und bereits geleistete Vorarbeiten	Mögliche besondere Unterstützung durch z.B. Firmen oder andere Institutionen, Einzelpersonen

Orientieren Sie sich an Ihren persönlichen Interessen
Auch wenn es vielleicht nicht streng wissenschaftlich erscheint: Berücksichtigen Sie bei Ihrer Suche nach einem Themenbereich für Ihre Diplomarbeit unbedingt Ihre Interessen und Vorlieben. Es ist wesentlich einfacher, wenn Sie über ein Thema schreiben, zu dem Sie einen Bezug haben. Überlegen Sie:

▸ Hat eine bestimmte Sache (wahlweise eine Theorie, ein Sachverhalt, ein Werk, eine Epoche) oder eine bestimmte Person Sie schon immer fasziniert? Möglicherweise lässt sich Ihr Interesse für Personalführung oder für Karl den Großen zur Grundlage Ihrer Arbeit machen.

▸ Sind Sie persönlich von etwas betroffen, das sich auch wissenschaftlich betrachten lässt? Vielleicht ärgern Sie sich in Ihrem Nebenjob ständig über fehlende Informationen und die betriebsinterne Kommunikation wäre Ihr Thema.

▸ Lässt sich aus dem Bereich, in dem Sie später arbeiten wollen, ein Thema ableiten? Damit wäre Ihre Diplomarbeit zugleich auch eine Visitenkarte für Sie, und Sie hätten zwei Fliegen mit einer Klappe geschlagen.

Berücksichtigen Sie Ihren Dozenten

Auf der Suche nach einem Themenbereich für Ihre Diplomarbeit geht natürlich kein Weg an Ihrem Dozenten vorbei. Steht Ihr Dozent noch nicht mit Sicherheit fest, beziehen Sie die in Frage kommenden Dozenten Ihres Fachbereichs in Ihre Überlegungen mit ein (s. auch Kap. 1.1., S. 15). Das bedeutet:

▶ Beachten Sie die fachlichen Schwerpunkte Ihres (potentiellen) Dozenten.
Damit Ihr Dozent Ihre Arbeit auch unterstützen und beurteilen kann, muss er sich in dem Bereich, über den Sie schreiben wollen, auskennen. (Arbeiten aus ihm nicht vertrauten Gebieten wird er vermutlich von vornherein ablehnen). Klären Sie deshalb: Auf welche fachlichen Schwerpunkte hat sich Ihr Dozent spezialisiert? Hilfreich in diesem Zusammenhang sind:
  ▸ alte Vorlesungsverzeichnisse
  ▸ Veröffentlichungen Ihres Dozenten
  ▸ hilfswissenschaftliche Mitarbeiter
  ▸ Fachschaft
  ▸ andere Examenskandidaten und Kommilitonen
  ▸ und natürlich Ihr Dozent selbst

▶ Beziehen Sie die thematischen Vorstellungen Ihres (potentiellen) Dozenten in Ihre Überlegungen mit ein.
Erkundigen Sie sich möglichst frühzeitig, ob Ihr Dozent konkrete Vorstellungen hat, worüber Sie in welcher Form schreiben sollten. Womöglich erwartet er z.B. von Ihnen, dass Sie mit Ihrer Arbeit zu seinem großangelegten Projekt „Kinder- und Jugendliteratur im 20sten Jahrhundert" beitragen. Oder er ist vielleicht praxisbezogen orientiert und verlangt dementsprechend, dass Sie einen praxisrelevanten Themenbereich bearbeiten.

Richten Sie sich nach Ihrem Vorwissen

Nicht nur die Zeit für Ihre Diplomarbeit ist begrenzt, sondern auch Ihre Kraft und Ihre Nerven. Sie tun deshalb gut daran, Ihr Vorwissen und auch eventuell verwendbare Vorarbeiten in Ihre Überlegungen mit einzubeziehen:

▶ Über welche besonderen fachlichen Kenntnisse verfügen Sie? Sehen Sie Ihre Seminarunterlagen, Veranstaltungsmitschriften und Klausurvorbereitungen noch einmal durch. Haben Sie z.B. im Grundstudium verschiedene Seminare mit Schwerpunkt italienische Wirtschaft besucht und sprechen leidlich italienisch, finden Sie unter Umständen Ihr Thema in diesem Bereich.

▶ Zu welchen Themen haben Sie schriftliche Arbeiten wie beispielsweise Seminararbeiten oder Praktikumsberichte verfasst? Gerade ausführliche schriftliche Arbeiten, wie z.B. Hauptseminararbeiten, bieten sich oft als Grundlage für eine Diplomarbeit an.

▶ Wie steht es mit Ihren praktischen Erfahrungen? Lässt sich das Wissen, das Sie z.B. während eines Praktikums, einer Ausbildung o.Ä. erworben haben, in einer Diplomarbeit verwerten? Haben Sie z.B. in den letzten Semesterferien in einem Altenheim gejobbt, lässt sich vielleicht daraus ein Themenbereich für Ihre Arbeit ableiten.

Wie eng Sie den Themenbereich Ihrer Diplomarbeit an Ihr Vorwissen oder an bereits geleistete Vorarbeiten anlehnen, müssen Sie selbst entscheiden. Greifen Sie in Ihrer Diplomarbeit ein Themengebiet auf, mit dem Sie sich bereits intensiv beschäftigt haben, schenken Sie sich eine Menge Vorarbeiten. Andererseits besteht die Gefahr, dass der Reiz des Neuen fehlt und Ihnen die Sache womöglich bald schon zum Hals heraushängt. Was kommt Ihnen mehr entgegen? Die Zeitersparnis oder der Kick des Neuen?

Beziehen Sie die Unterstützung, die Sie bekommen könnten, in Ihre Überlegungen ein

Zeigt sich in Ihrer Diplomarbeit, dass Sie gründlich recherchiert haben, und können Sie womöglich mit ungewöhnlichem Material aufwarten, sammeln Sie mit Sicherheit Pluspunkte. Überlegen Sie von daher bereits im Vorfeld bei der Themensuche, ob Sie an interessantes Material kommen könnten. Für welchen Themenbereich könnten Sie auf besondere Unterstützung zählen? Wer oder was könnte in welcher Form hilfreich sein?

▸ Würde Ihr Dozent Sie bei bestimmten Themenbereichen besonders unterstützen, z.B. mit wertvollen fachlichen Hinweisen, Literatur, unveröffentlichten Quellen (beispielsweise ältere Diplomarbeiten), Vermittlung von Kontakten?

▸ Wie ist es um Ihre Beziehungen zu Firmen, Behörden, sozialen Einrichtungen, Archiven und sonstigen Institutionen bestellt? Möglicherweise haben Sie durch ein Praktikum Verbindungen zur Firma XY, die an einer wissenschaftlichen Betrachtung ihrer Marketingpolitik interessiert ist und Ihnen alle notwendigen internen Informationen gerne zur Verfügung stellt.

▸ Verfügen Sie über private Kontakte oder Quellen, aus denen sich ein mögliches Themengebiet ergeben könnte? Vielleicht war Ihr Onkel ein Schriftsteller, dessen bislang unveröffentlichter Nachlass für Sie zugänglich ist?

Könnten Sie zu einem bestimmten Thema besondere Unterstützung bekommen, sollte Ihnen allerdings klar sein, dass diese Unterstützung in den meisten Fällen auch Ihren Preis hat. Der Dozent, der bereitwillig mit Material weiterhilft, wird von Ihrer Arbeit zumindest auch ein bestimmtes Niveau erwarten. Das Unternehmen, das alle möglichen internen Daten zur Verfügung stellt, möchte mit Sicherheit in Ihrer Arbeit nicht lesen, dass Sie die gesamte Unternehmensleitung für inkompetent halten. Und die Tante, die den Nachlass Ihres Onkels preisgibt, erwartet zum Ausgleich vielleicht regelmäßige Besuche. Finden Sie heraus, was man wahrscheinlich im Gegenzug von Ihnen erwartet. Überlegen Sie rechtzeitig, ob Sie bereit wären, den geforderten Preis zu zahlen.

Das Thema der Diplomarbeit festlegen

Haben Sie sich für einen Themenbereich, über den Sie schreiben wollen, entschieden, sind Sie schon ein ganzes Stück voran. Nun steht zumindest Ihre Marschroute fest – Sie wissen, in welche Richtung Sie wollen. Im nächsten Schritt grenzen Sie innerhalb dieses Bereichs ein konkretes Thema für Ihre Arbeit ein.

Nehmen Sie sich dabei nicht zuviel vor: Mit einem Thema wie z.B. „Direktmarketing" werden Sie nicht glücklich, es sei denn, Sie wollen die nächsten 40 Jahre Ihres Lebens der Erforschung dieses Phänomens widmen. Was Sie brauchen, ist ein überschaubares Thema, einen klar eingegrenzten Untersuchungsgegenstand, den Sie in der vorgegebenen Zeit in angemessenem Umfang bearbeiten können. Doch wie ein solches Thema finden?

Zunächst einmal: Verschaffen Sie sich eine Übersicht über den Themenbereich, für den Sie sich entschieden haben. Machen Sie sich mittels Lexika (auch Online-Enzyklopädien), Handbüchern, Büchern, Sammelbänden mit dem Untertitel „Einführung in..." schlau (s. auch Kap. 1.3., S. 44 ff.). Bleiben Sie dabei an der Oberfläche. Es geht um den Überblick und nicht um die Vertiefung von Spezialaspekten. Setzen Sie sich nötigenfalls ein Zeitlimit.

Hilfreich kann auch bei der Themenfindung ein Blick in eine der allgemeinen oder fachspezifischen Diplomarbeitsbörsen im Internet sein. So kann man z.B. bei Anbietern wie *www.academic-transfer.de* oder *www.diplom.de* nach hunderten Diplomarbeiten aus dem gesamten deutschen Sprachraum recherchieren und sich kostenlos Inhaltsangaben und Gliederungen anschauen. Auf Wunsch können Sie die Diplomarbeit dann kaufen. (Internetadressen und weitere Informationen zur Vermarktung von Diplomarbeiten s. Kap. 4.3., S. 234ff.)

Danach haben Sie zwei Alternativen, ein Thema zu finden:

▶ Sie entwickeln Ihr Thema im Gespräch mit Ihrem Dozenten: Theoretisch die unkomplizierteste Möglichkeit, denn schließlich hat Ihr Dozent das nötige Fachwissen und reichlich Erfahrungen mit Abschlussarbeiten. Sie Ihrerseits beherrschen Ihren Wunschthemenbereich nun soweit, dass Sie sich auf eine Diskussion einlassen können, ohne dass es peinlich wird. Warum also nicht zum jetzigen Zeitpunkt einfach mal hören, was Ihr Dozent für Vorschläge hat? Oder:

▶ Sie leiten ein Thema aus einem Teilaspekt Ihres Themenbereichs ab: Splitten Sie Ihren Themenbereich in überschaubare Teilaspekte auf

  ▶ mit Hilfe der Fachliteratur:
  In welche Teilaspekte wird Ihr Themenbereich in der Fachliteratur untergliedert? Orientieren Sie sich an Kapitelüberschriften, Zwischenüberschriften sowie bei Lexika auch an den weiterführenden Stichworten.

  ▶ mittels eines Brainstormings:
  Zerlegen Sie Ihren Themenbereich intuitiv in Teilaspekte. Schreiben Sie einfach alles auf, was Ihnen zu Ihrem Themenbereich durch den Kopf geht. Dabei kommt es nicht

darauf an, wissenschaftlich abgesicherte Gesichtspunkte zusammenzutragen, sondern nach dem Prinzip Neugierde interessante Teilaspekte zu entdecken, z.B.

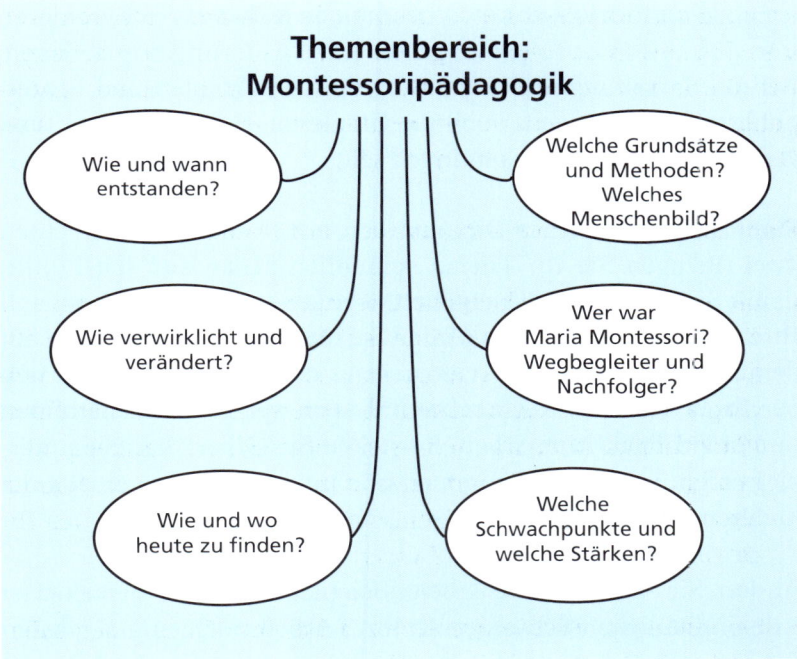

Themenbereich: Montessoripädagogik

Wie und wann entstanden?

Welche Grundsätze und Methoden? Welches Menschenbild?

Wie verwirklicht und verändert?

Wer war Maria Montessori? Wegbegleiter und Nachfolger?

Wie und wo heute zu finden?

Welche Schwachpunkte und welche Stärken?

Diskutieren Sie Ihr Brainstorming ruhig auch mit Kommilitonen oder Fachfremden. Manchmal kommen von außen ganz interessante Anregungen.

Haben Sie Ihren Themenbereich in Teilaspekte zerlegt, reduzieren Sie einen der Teilaspekte weiter auf einen überschaubaren Untersuchungsgegenstand. Orientieren Sie sich dabei (wie bei Ihrer Suche nach einem Themenbereich, S. 30 ff.) an:

- Ihren persönlichen Interessen
- den Anforderungen Ihres (voraussichtlichen) Dozenten
- Ihrem Vorwissen
- der Unterstützung, die Sie von außen (z.B. von einer Firma, sozialen Einrichtung etc.) bekommen könnten

Bei der Sammlung und Sortierung von Teilaspekten und Einzelpunkten kann übrigens auch die Gliederungsfunktion Ihres Textverarbeitungsprogramms hilfreich sein.

Steht das Thema Ihrer Diplomarbeit fest, formulieren Sie einen Titel. Bringen Sie Ihr Thema sprachlich genau auf den Punkt, damit Sie alles Weitere zielgerichtet angehen können. Wovon soll Ihre Arbeit handeln? Was wollen Sie untersuchen? Legen Sie mit dem Titel Ihrer Arbeit fest, worum es geht. Orientieren Sie sich bei Ihrer weiteren Recherche und auch später beim Schreiben immer am Titel Ihrer Arbeit. So stellen Sie sicher, dass Sie unterwegs nicht vom Weg abkommen und unversehens bei einer ganz anderen Thematik landen.

Ändern Sie – solange Ihre Arbeit noch nicht offiziell angemeldet ist – den inhaltlichen Schwerpunkt Ihrer Arbeit noch einmal, passen Sie unverzüglich den Titel Ihrer Arbeit entsprechend an. Damit Ihnen, wenn Ihnen später der Kopf qualmt, immer in einem einzigen Satz klar vor Augen steht, worüber Sie eigentlich schreiben wollen.

Das ausgewählte Thema überprüfen

Haben Sie sich mehr oder weniger im Alleingang für ein Thema entschieden, überprüfen Sie unbedingt – bevor Sie weiter in die Tiefe gehen – ob dieses Thema grundsätzlich für Ihre Diplomarbeit geeignet ist. Klären Sie:

▸ Erfüllt Ihr Thema die Vorgaben des Prüfungsamtes (s. auch Kap. 1.1., S. 11ff.)?

▸ Falls noch offen: Was hält Ihr Dozent von Ihrem Thema? Ist Ihr Dozent nicht vorgegeben, versuchen Sie eventuell Ihr Glück bei mehreren Dozenten.

▸ Existiert ausreichendes Material zu Ihrem Thema oder ertrinken Sie womöglich in der Flut der Veröffentlichungen? Ein Thema, das nur in einem einzigen Aufsatz und das auch nur am Rande erwähnt wird, bietet sich nicht unbedingt an. Genauso wenig aber empfehlen sich Themen, zu denen es bereits ganze Literatursammlungen gibt.

▸ Steht Ihnen das notwendige Material rechtzeitig zur Verfügung? Wenn Sie bei Ihrem Thema auf Quellen wie z.B. Interviews, Archivmaterial aus dem Ausland etc. angewiesen sind, sollten Sie im Vorfeld sicherstellen, dass Sie an dieses Material nicht erst zwei Wochen nach Abgabetermin herankommen.

▸ Ist Ihr Thema auch wirklich fachspezifisch? Finden Sie als Betriebswirtschaftler den überwiegenden Teil Ihrer Literatur im Bibliotheksverzeichnis unter „Informatik / Mathematik" oder gar unter „Lebenspraktische Hilfen", ist dies vielleicht ein Hinweis darauf, dass Ihr Thema eher den Nachbardisziplinen zugehörig ist oder auch gar nicht zur wissenschaftlichen Bearbeitung geeignet ist.

Sind diese Punkte erledigt und das Thema Ihrer Arbeit steht fest, nimmt Ihre Arbeit langsam Gestalt an. Und trotz aller stressigen Begleitumstände: Vor Ihnen liegt eine spannende Zeit. Seien Sie neugierig, was Sie zum Thema Ihrer Wahl herausfinden werden.

Das Wichtigste in Kürze

Wenn Sie das Thema Ihrer Diplomarbeit selbst auswählen können:

Bestimmen Sie ein Themengebiet für Ihre Arbeit

Orientieren Sie sich bei der Auswahl Ihres Themengebiets an:
▸ Ihren persönlichen Interessen und Vorlieben
▸ den fachlichen Schwerpunkten und Anforderungen Ihres Dozenten
▸ Ihrem Vorwissen und bereits geleisteten Vorarbeiten
▸ möglicher Unterstützung von außen z.B. durch Firmen, Institutionen etc.

Legen Sie innerhalb Ihres Themengebiets ein Thema fest

Verschaffen Sie sich einen Überblick über Ihr Themengebiet und
▸ wählen Sie in Zusammenarbeit mit Ihrem Dozenten einen klar umgrenzten Untersuchungsgegenstand für Ihre Arbeit aus.

Oder:
▸ Leiten Sie aus einem Teilaspekt Ihres Themengebiets ein konkretes Thema ab. Unterteilen Sie Ihr Thema mittels der Fachliteratur oder eines Brainstormings in überschaubare Teilaspekte. Reduzieren Sie anhand der oben beschriebenen Kriterien (persönliches Interesse etc.) die Teilaspekte auf eine Fragestellung. Formulieren Sie Ihr Thema als Titel für Ihre Arbeit und orientieren Sie sich bei allen weiteren Schritten an diesem Titel.

Überprüfen Sie, ob Ihr Thema für eine Diplomarbeit geeignet ist

Stimmt Ihr Thema mit den Vorgaben des Prüfungsamtes überein? Ist Ihr Dozent einverstanden? Existiert weder zu wenig noch zu viel Material zum Thema? Kommen Sie rechtzeitig an das Material heran? Ist Ihr Thema genügend fachspezifisch?

Überblick

1.3. Material recherchieren

Im folgenden Kapitel erhalten Sie Tipps, wie Sie an Material für Ihre Arbeit kommen, durch

▸ **Recherchen:**
   in der Universitätsbibliothek
   in öffentlichen und privaten Büchereien und Archiven
   im Internet

▸ **persönliche Nachforschungen:**
   schriftliche und mündliche Anfragen
   Interviews
   eigene Beobachtungen vor Ort

Sie lesen, wann welche Form der Materialsuche für Sie interessant ist und wie Sie am besten vorgehen.

1.3. Material recherchieren

Wissen Sie, worüber Sie schreiben wollen, müssen Sie an Material kommen; wahlweise durch:

Recherchen:	persönliche Nachforschungen:
▸ in der Universitäts-bibliothek	▸ schriftliche und mündliche Anfragen nach schwer zugänglichen oder unveröffentlichten Informationen
▸ in öffentlichen und privaten Büchereien und Archiven	
	▸ Interviews
▸ in Buchhandlungen	
	▸ eigene Beobachtungen vor Ort
▸ im Internet	

Welche Form der Suche nach Material für Sie in Frage kommt, hängt davon ab:

▸ Welches Material erfordert Ihr Thema?
 Finden Sie alles, was Sie brauchen, im Bestand der Unibibliothek?

▸ Wie ist es um Ihre Motivation und Ihre Zeit bestellt?
 Wollen Sie mit ungewöhnlichen Quellen glänzen und haben Sie genügend Zeit für eine breit angelegte Suche?

▸ Welche Anforderungen stellt Ihr Dozent?
 Welches Material erwartet er von Ihnen und welches Material akzeptiert er überhaupt?

Ist Ihnen klar, welche Form der Recherche für Sie interessant ist, dann gehen Sie theoretisch (und daran orientiert sich der Übersichtlichkeit wegen auch der Aufbau dieses Buches) in folgenden Schritten vor:

1. Sie recherchieren
2. Sie werten das gefundene Material aus
3. Sie erstellen eine Gliederung für Ihre Arbeit
4. Sie schreiben Kapitel für Kapitel

In der Praxis jedoch wird sich Ihre Recherche im Verlauf Ihrer Arbeit mit den weiteren Arbeitsschritten vermutlich überschneiden. Denn Sie werden immer wieder feststellen, dass Ihnen noch ergänzende Informationen fehlen.

Erklären Sie Ihre Recherche grundsätzlich für beendet, wenn Ihnen immer wieder dieselben Aussagen oder Namen begegnen. Niemand verlangt von Ihnen, dass Sie wirklich jede Äußerung eines bestimmten Autors gelesen haben sollten, noch dass Sie ein und dieselbe Aussage durch zehn verschiedene Quellen stützen. Sie schreiben eine Diplom- oder Magisterarbeit, keine Doktorarbeit.

Recherchen in der Unibibliothek

Für Ihre Recherchen in der Unibibliothek (zentrale Bibliothek und Fachbibliotheken) gilt:

▶ Machen Sie sich mit der Systematik der Bibliothek vertraut
▶ Starten Sie Ihre Suche systematisch und umfassend
▶ Sichern Sie sich interessantes Material rechtzeitig
▶ Bringen Sie Ordnung in Ihr gefundenes Material

Machen Sie sich mit der Unibibliothek vertraut
Wahrscheinlich ist Ihnen der Aufbau der Unibibliothek von Ihrem Studium her bereits in den Grundzügen klar. Nun gilt es, die Feinheiten zu verstehen, denn nur dann können Sie das Angebot der Unibibliothek optimal nutzen.

Nehmen Sie sich einen Tag Zeit, um sich mit der Organisation Ihrer Unibibliothek wirklich vertraut zu machen. Haben Sie keine Hemmungen, bei den Bibliotheksmitarbeitern nachzufragen. Sie werden u.a. dafür bezahlt, Ihnen weiterzuhelfen, auch wenn es manchmal nicht so scheint. Besuchen Sie ggf. einen Einführungskurs oder stellen Sie alternativ zusammen mit Kommilitonen einen eigenen Kurs auf die Beine. Oft stellen die Bibliotheken ab einer bestimmten Interessentenzahl einen Mitarbeiter als Führer. Unter Umständen kann auch jemand aus der Fachschaft weiterhelfen. Im Übrigen lassen Sie sich nicht von all den Gestalten, die mit wissendem Gesichtsausdruck vor den Katalogen sitzen oder herumeilen, beirren.

Sie können die Bestände vieler Unibibliotheken auch surfenderweise erforschen, die meisten Unibibliotheken sind mittlerweile online präsent. Sie erreichen Ihre Bibliothek entweder über die Homepage Ihrer Universität oder Fachhochschule oder über einen zentralen Bibliotheksserver. Die meisten Hochschulbibliotheken verfügen über sogenannte OPACs (Online Public Access Catalogue), in denen über das Internet recherchiert werden kann. Quellen wie Literaturauszüge oder Zeitschriftenartikel können Sie oft gleich auch online bestellen. Auf den Internetseiten auf Landesebene organisierter Bibliotheksverbünde können Sie gleichzeitig in allen dem Verbund angeschlossenen Bibliotheken oder sogar darüber hinaus in zahlreichen weiteren nationalen und internationalen Bibliotheken recherchieren.

Wenn Sie nur recherchieren wollen, eignet sich der Karlsruher Virtuelle Katalog *http://www.ubka.uni-karlsruhe.de/kvk.html*, der zahlreiche deutsche und ausländische Verbundkataloge sowie Einzelkataloge gleichzeitig absucht. Eine weitere gute Startadresse ist *http://www.opac.bib-bvb.de*, der Bibliotheksverbund Bayern, über dessen OPAC-Gateway Sie ebenfalls in zahlreichen Bibliotheken recherchieren können. Die Niedersächsische Staats- und Universitätsbibliothek Göttingen bietet unter der Adresse *http://www.sub.uni-goettingen.de/ebene_1/1_doklie.htm.de* einen guten Überblick über Dokumentlieferdienste von kommerziellen Anbietern und Bibliotheken (Subito, Jason, Ingenta).

Starten Sie Ihre Suche in der Unibibliothek systematisch und umfassend
Literaturrecherche funktioniert meist nach dem Schneeball-Prinzip. Das heißt, sind Sie einmal auf Bücher und Aufsätze zu Ihrem Thema gestoßen, finden Sie hier auch Hinweise auf weitere Literatur. Wie aber den Anfang machen?

▸ Stellen Sie eine Liste mit Suchbegriffen zusammen.
  Formulieren Sie Ihr Thema in Form von Stichworten. Seien Sie phantasievoll bei der Auswahl Ihrer Stichworte und entwickeln Sie möglichst viele Variationen. Sie werden sich wundern, unter welchen Suchbegriffen Sie fündig werden. Nehmen Sie außerdem Autoren, die Ihnen bereits namentlich bekannt sind, in Ihre Suchliste mit auf. Werden Sie bei ausgefalleneren Namen (z.B. bei aus dem Russischen übersetzten Namen) nicht fündig, versuchen Sie es mit einer anderen Schreibweise. Auch Namen mit Zusätzen wie „de Beauchamp" werden Sie wahrscheinlich mal unter „de Beauchamp", mal unter „Beauchamp, de" einsortiert finden.

▸ Verfolgen Sie Ihre Suchbegriffe gezielt.
Durchforsten Sie alle in der Bibliothek vorhandenen Kataloge und Karteien. Hilfreich sind außerdem Lexika (allgemeine, z.B. Brockhaus, und Fachlexika), Handbücher, Bibliographien und Einführungen in ein Sachgebiet. Sehr viel Zeit können Sie sparen, wenn der Katalog der Bibliothek über das Internet zugänglich ist und Sie von Ihrem PC aus die Bestände mit Suchworten durchforsten können. Aber Achtung: Oft sind nicht alle Bestände elektronisch erfasst (z.B. nur die Bücher, aber keine Zeitschriften), klären Sie also auf jeden Fall, ob der elektronische Katalog vollständig ist.

▸ Nehmen Sie ergänzend das Prinzip Zufall zu Hilfe.
Gehen Sie in der entsprechenden Fachabteilung der Bücherei einfach mal an den Regalen entlang, vielleicht werden Sie fündig. Interessant sind außerdem immer die Inhalts- und Literaturverzeichnisse von Fachbüchern, aber auch von Fachzeitschriften.

▸ Greifen Sie ggf. auf einen Suchdienst zurück.
Viele Bibliotheken (zu erfragen bei der Auskunft), aber auch Studenten (siehe Aushänge am schwarzen Brett) bieten mittlerweile an, gegen Gebühr eine Literaturliste zu erstellen. Prüfen Sie, was Sie für Ihr Geld bekommen und ob Ihnen dieser Service weiterhilft.

Sichern Sie sich interessantes Material rechtzeitig
Lassen Sie sich Bücher rechtzeitig vormerken. Auch wenn Sie sich nicht ganz sicher sind, ob Sie ein Buch später wirklich brauchen – nichts ist ärgerlicher, als wenn das Buch ausgerechnet dann ausgeliehen und auf Monate vorbestellt ist. Sie können sich auch online vormerken lassen.

Kopieren Sie außerdem alles, was Ihnen wichtig erscheint, aber nicht oder nur begrenzt ausleihbar ist, sofort. Denn erstens ersparen Sie sich so einen Rattenschwanz von „Muss ich noch machen" zum Ende Ihrer Arbeit hin. Zweitens kann man nie wissen, ob nicht schon am nächsten Tag ausgerechnet die Zeitschrift, aus der Sie unbedingt einen bestimmten Artikel brauchen, zwecks Verfilmung verschwunden ist.

Behalten Sie den Überblick über Ihr Material
Um späteres Chaos zu vermeiden, vermerken Sie auf Ihren Kopien sofort, und zwar wirklich sofort, was genau Sie kopiert haben, d.h. Verfasser, Titel, ggf. woraus entnommen, Erscheinungsdatum und -ort. Meistens finden Sie diese Angaben unter „CIP-Titelaufnahme" auf einer der ersten Seiten eines Buchs oder im Impressum einer Zeitschrift / Zeitung. Der Einfachheit halber können Sie diese Angaben auch gleich mitkopieren.

Heben Sie außerdem Ihre Zettel mit den Ausleih- und Verlängerungsfristen sorgfältig auf, wenn Sie nicht von vornherein ein großzügiges Budget für Nachgebühren eingeplant haben. Im Verlaufe Ihrer Recherchen werden wahrscheinlich beachtliche Bücherberge mit den unterschiedlichsten Fristen zusammenkommen. Hilfreich: Rückgabetermine und Verlängerungsfristen im Kalender eintragen. Nutzen Sie einen digitalen Kalender, wie Ihren PC oder Ihr Handy, aktivieren Sie die Erinnerungsfunktion. Manche Mailanbieter bieten sogar einen Erinnerungsservice per Mail an.

Recherchen in öffentlichen und privaten Büchereien, Archiven und Buchhandlungen

Recherchen in Büchereien und Archiven außerhalb der Uni bilden oft eine sinnvolle Ergänzung zu den Recherchen in der

Unibibliothek. Sie werden erstaunt sein, wie gut z.b. einige Stadtbüchereien ausgestattet sind. Und manche Quellen, an die Sie in der Unibibliothek nicht so ohne weiteres herankommen, sind vielleicht in einem Unternehmensarchiv oder Zeitungsarchiv leicht zugänglich. Ein Geheimtipp: Die Bibliotheken von Kammern, Wirtschaftsverbänden oder Gewerkschaften sind oft verblüffend gut sortiert und haben großzügige Ausleihbedingungen und oft auch hilfreiches Personal.

Material für Ihre Arbeit finden Sie möglicherweise in:

▸ öffentlichen Bibliotheken und Archiven
z.b. der Stadt und des Landes, von Behörden, der Gemeinde, der Gewerkschaft, der Volkshochschule und anderer Bildungseinrichtungen, einzelner Einrichtungen wie Theater und Museen etc.

▸ privaten Büchereien und Archiven
z.b. von Unternehmen, Verbänden, Vereinen, Instituten, Stiftungen, etc.

Manchmal brauchen Sie allerdings etwas Geduld, um an die Adressen zu kommen. Hilfreich:

▸ ein Blick ins Telefonbuch, Adressverzeichnis und Branchenverzeichnis (gibt es alles auch auf CD-ROM und im Internet)

▸ Hinweise in der Fachliteratur, besonders in Examens- und Doktorarbeiten

▸ ein Anruf bei den Einrichtungen, von denen Sie glauben, dass sie in Frage kommen (wenn man Ihnen dort nicht weiterhelfen kann, fragen Sie ruhig nach anderen Adressen und Ansprechpartnern)

‣ Ihr Dozent oder Ihre Kommilitonen

Bei Ihrer Recherche in auswärtigen Bibliotheken und Archiven beherzigen Sie dieselben Prinzipien wie bei Ihrer Recherche in der Unibibliothek:

‣ Machen Sie sich mit dem System vertraut
‣ Legen Sie Ihre Suche umfassend an
‣ Sichern Sie sich rechtzeitig interessantes Material
‣ Behalten Sie den Überblick über Ihr Material

Außerdem immer sinnvoll: Der Besuch einer (Fach-)Buchhandlung. Fragen Sie nach aktuellen Neuerscheinungen zu Ihrem Thema und lassen Sie sich interessante Titel zur Ansicht bestellen. Sie können dann immer noch entscheiden, ob Sie das Buch wirklich kaufen oder versuchen, über Fernleihe oder als Anschaffungsvorschlag für die Bibliothek an das Buch heranzukommen.

Recherchen im Internet

Je umfassender das Internet wird, desto interessanter aber auch unzuverlässiger wird es für Ihre Diplomarbeit. Generell können Recherchen im Internet zu herkömmlichen Quellen führen (also z.B. Hinweise auf Zeitschriftenartikel oder Bücher) oder aber zu nur im Internet veröffentlichten Quellen. Immer jedoch besteht das Problem der Zuverlässigkeit der Quelle. Aufgrund der hohen Zugänglichkeit des Internets fehlt in der Regel jegliches Qualitätssicherungsverfahren, das für sonstige wissenschaftliche Publikationen gilt (beispielsweise Review-Systeme bei Zeitschriften und Büchern). Im Internet kann alles veröffentlicht werden, auch völliger Unsinn. Mehr noch als bei Buch- und Zeitschriftenpublikationen müssen Sie selbstständig die Qualität der Internetveröffentlichung prüfen.

Klären Sie unbedingt vorab, ob und welche Internetquellen Ihr Dozent akzeptiert und wie Sie diese Quellen in Ihrer Arbeit angeben sollen. Möglicherweise müssen Sie Ihre Internetquellen ausdrucken und im Anhang Ihrer Arbeit präsentieren.

Machen Sie sich ggf. in einem Intensivkurs (z.B. Volkshochschule, Universität, Internetcafé) mit den neuesten Möglichkeiten vertraut oder suchen Sie in Ihrem Bekanntenkreis nach jemandem, der weiterhilft. Ist Ihr Internetzugang zu Hause zu langsam, finden Sie heraus, wo Sie am besten im Netz surfen können, z.B.:

▸ in Ihrer Universität (Rechenzentrum, Bibliothek, eventuell gibt es auch in Ihrer Fakultät einen speziellen Rechnerraum, einen sogenannten CIP-Pool)
▸ in Internetcafés
▸ in Ihrem privaten Umfeld

Ist Ihnen die Materie soweit vertraut, können Sie mit Ihrer Suche loslegen. Dabei sollten Ihnen allerdings zwei Dinge von vornherein klar sein:

▸ Internetrecherche kann Ihre klassische Recherche in der Unibibliothek nur teilweise ersetzen. Durch die Internetrecherche können Sie:
  ▸ sich einen ersten Überblick über ein Thema verschaffen
  ▸ aktuelle, bislang nicht veröffentlichte Informationen ausfindig machen (z.B. Kongressberichte, Tagungsprotokolle etc.)
  ▸ auf anderem Wege schwer zugängliches Material (z.B. Diplomarbeiten an anderen Universitäten etc.) ausfindig machen
  ▸ klären, ob sich weitere Recherchen vor Ort lohnen
  ▸ an Adressen von Ansprechpartnern kommen

▸ Internetrecherche kostet zwar nicht mehr viel Geld, aber Zeit. Bleiben Sie bei der Sache und verirren Sie sich nicht zwischen immer weiter führenden Links. Sind Sie einmal im Netz, ist ein Vormittag vorbei, ehe Sie sich versehen.

So starten Sie Ihre Recherche:

Geben Sie eine bekannte Adresse ein. Achten Sie dabei auf die genaue Schreibweise, insbesondere Bindestriche, Groß- und Klein-schreibung. Wenn Sie gar keinen Einstiegspunkt haben, versuchen Sie es einfach mit einer Adresse, die dem Thema entspricht, nach dem Sie suchen wollen, also z.B. *www.gesuchtes-thema.de*. Meis-tens werden Sie damit fündig werden oder vielleicht zumindest zu einer Website kommen, die eine Linksammlung besitzt, die wieder zu weiteren thematisch interessanten Websites führt.

Oder wählen Sie:
▸ Eine Suchmaschine (z.B. *www.google.de*)
▸ Eine thematisch spezialisierte Suchmaschine (einen Über-blick erhalten Sie unter *www.searchengineguide.com*)
▸ Eine so genannte Meta-Suchmaschine (z.B. *www.metager.de*), die andere Suchmaschinen absucht

Eine Übersicht über die verschiedenen Suchmaschinen finden Sie im Anhang dieses Buches (ab S. 246).

Geben Sie dann einen entsprechenden Suchbegriff ein. Hier gilt dasselbe Prinzip wie für Ihre Recherche in der Bibliothek (S. 47): Variieren Sie bei Bedarf Ihren Suchbegriff.

Vermeldet Ihr Computer stolz 235 gefundene Einträge, verknüp-fen Sie mit Ihrem Suchbegriff weitere, präzisierende Suchbegriffe und reduzieren Sie so die gefundenen Einträge (z.B. „Humanismus + Renaissance + Literatur" statt „Humanismus"). Manche Suchmaschinen bieten auch die Möglichkeit, in den Ergebnissen erneut zu suchen und diese so einzuschränken.

Sind Sie fündig geworden, dann springen Sie zu den Fundstellen am besten mit der in allen Browsern über einen Klick mit der rechten Maustaste erreichbaren Funktion „In neuem Fenster öffnen". Auf diese Weise bleiben Ihre Suchergebnisse in einem Browserfenster erhalten und sie müssen nicht erneut suchen, wenn Sie sich die nächste Fundstelle ansehen möchten. Wenn Sie etwas Brauchbares gefunden haben und Sie die entsprechenden Seiten (mit dazugehöriger Adresse) nicht sofort ausdrucken, machen Sie sich in jedem Fall sofort eine entsprechende Notiz, was Sie wo gefunden haben, oder übernehmen Sie die Seite in Ihre Lesezeichen / Bookmarks oder Favoriten. Machen Sie auch von der Möglichkeit Gebrauch, Ihre Lesezeichen / Bookmarks bzw. Favoriten in verschiedenen Verzeichnissen und Unterverzeichnissen zu organisieren, deren Struktur z.B. der Gliederung Ihrer Diplomarbeit entsprechen kann. Stellen Sie auf jeden Fall sicher, dass Sie Ihren Eintrag wiederfinden, ohne dass Sie Ihre Suche wieder von vorne starten müssen.

Persönliche Nachforschungen durch schriftliche und mündliche Anfragen

Wollen Sie in Ihrer Arbeit sehr spezielle Informationen präsentieren, erweitern Sie Ihre Recherche um schriftliche oder mündliche Anfragen bei geeigneten Ansprechpartnern.
Diese Form der Materialsuche ist sinnvoll, wenn:

- Sie genau wissen, was fehlt, Sie diese Informationen aber in der Fachliteratur nicht finden und / oder
- Sie Ihr Thema noch weiter ausloten möchten. Sie wissen zwar noch nicht genau, was Sie suchen, die Fachliteratur reicht Ihnen jedoch nicht.

Unabhängig davon, ob Sie nun gezielt Material über den örtlichen Literaturzirkel oder eher unspezifisch etwas zum Thema Gesprächstherapie mit Kindern suchen, halten Sie vorab Rücksprache mit Ihrem Dozenten. Akzeptiert er auf diesem Wege gefundenes Material? Bieten Sie an, unveröffentlichte oder schwer zugängliche Informationen, die Sie durch persönliche Anfragen erhalten, im Anhang Ihrer Arbeit abzudrucken.

Im Übrigen sind persönliche Nachforschungen interessant, aber auch relativ zeit- und arbeitsaufwändig. Stellen Sie von vornherein sicher, dass Sie auch genügend Zeit und Elan haben.

Sind diese Voraussetzungen geklärt, können Sie Ihre persönlichen Nachforschungen in die Wege leiten. Dabei gilt grundsätzlich: Je eher Sie anfangen, desto besser. Denn die Beantwortung Ihrer Anfragen wird oft auf sich warten lassen und nicht jede Anfrage bringt die gewünschte Auskunft. Wie gehen Sie am besten vor?

Suchen Sie geeignete Ansprechpartner
Dabei ist sowohl Ihr Fachwissen als auch Ihr Spürsinn gefragt: Wer könnte über die Informationen verfügen, die Sie brauchen? Hilfreich hierbei können sein:

▶ Fachliteratur, Ihr Dozent, seine wissenschaftlichen Mitarbeiter und Kommilitonen. Wird in der Fachliteratur ein Spezialist, eine Gesellschaft, Vereinigung, Selbsthilfegruppe o.Ä. erwähnt, die sich mit Ihrem Thema befasst? Wissen Ihr Dozent oder seine wissenschaftlichen Mitarbeiter jemanden, der sich auskennt? Fällt Ihren Kommilitonen eine nützliche Quelle ein? Vielleicht findet sich auch durch das Internet jemand. Möglicherweise existiert ein Forum zum Thema oder Sie richten selbst eines ein.

▸ Ein Brainstorming. Gehen Sie in sich: Wer hat mit Ihrem Thema zu tun? Existiert vielleicht ein entsprechender Verein, eine Stiftung, ein Unternehmen, die weiterhelfen könnten?

Bitten Sie schriftlich oder mündlich um Auskunft
Steht Ihr Ansprechpartner fest, fragen Sie schriftlich (Brief, Fax, E-Mail) oder mündlich (Telefonat, persönliches Gespräch) an. Beides hat Vor- und Nachteile:

Schriftliche Anfragen:	Mündliche Anfragen:
Vorteile:	**Vorteile:**
Informationen schwarz auf weiß	schnell, unkompliziert
eindeutig, überprüfbar	flexibel
Nachteile:	**Nachteile:**
aufwändiger für Absender und Adressat	kaum überprüfbar, missverständlich
oft schleppende oder keine Antwort	leichter abzuwimmeln

Manchmal kann es sinnvoll sein, wenn Sie erst mündlich klären, ob sich eine schriftliche Anfrage überhaupt lohnt.

Unabhängig davon, ob Sie schriftlich oder mündlich um Informationen bitten:

▸ Formulieren Sie Ihr Anliegen kurz, präzise und höflich, z.B.: „Mein Name ist…, ich schreibe zum Thema…, ich benötige allgemeine Informationen zum Thema… sowie die spezielle Information… und würde mich freuen, wenn Sie mir weiterhelfen könnten… oder weitere Ansprechpartner nennen könnten…"

▸ Bei telefonischen Anfragen: Machen Sie sich vorher eine kurze Stichwortliste. Wollen Sie umfangreiche Informationen, bitten Sie um einen Gesprächstermin, überfallen Sie Ihre Ansprechpartner nicht einfach.

▸ Bieten Sie an, Unkosten für Telefonate, Kopien, Broschüren etc. zu übernehmen.

▸ Haben Sie keine Hemmungen – viele Ansprechpartner sind entgegenkommender, als Sie vielleicht meinen. Möglicherweise ergeben sich aus Ihrer Anfrage sogar interessante Kontakte.

▸ Wenn man Ihnen nicht weiterhelfen kann: Erkundigen Sie sich nach anderen Ansprechpartnern.

▸ Lässt die Antwort auf sich warten oder ist Ihr Gesprächspartner immer gerade nicht zu sprechen: Bleiben Sie höflich, aber beharrlich.

Persönliche Nachforschungen in Form von Interviews

Fehlen Ihnen umfangreiche spezielle Informationen zu Ihrer Arbeit und bringen Sie andere Quellen nicht weiter, führen Sie mit einem geeigneten Ansprechpartner ein Interview zur Sache durch. So kommen Sie gezielt an die Informationen, die Sie brauchen. Möglicherweise ist es sogar sinnvoll, wenn Sie mehrere verschiedene Interviewpartner befragen. Dadurch erhalten Sie nicht nur vielfältigere Perspektiven, sondern können auch die Aussagen miteinander vergleichen. Entscheiden Sie selbst, was für Ihre Arbeit zweckmäßig ist.

Spielen Sie mit dem Gedanken, ein oder mehrere Interviews für Ihre Arbeit durchzuführen, klären Sie vorab:
▸ Was hält Ihr Dozent davon?
▸ Bringen Sie ausreichend Zeit, Energie und Kommunikationsbereitschaft mit?

Interviews sind eine spannende, aber auch aufwändige Form der Recherche.

Dann gehen Sie systematisch vor:
▸ Wählen Sie Ihren (bzw. Ihre) Interviewpartner aus
▸ Erstellen Sie einen Fragebogen
▸ Führen Sie das Interview (oder die Interviews) durch

Wählen Sie Ihren Interviewpartner aus
Zunächst einmal müssen Sie für Ihre Belange geeignete Interviewpartner finden, z.B.:
▸ Vertreter von Unternehmen, Behörden, Instituten, Vereinen, Verbänden etc., die Ihnen in offizieller Funktion Auskunft geben
▸ von einer bestimmten Sache Betroffene, z.B. Jungunternehmer, allein erziehende Elternteile
▸ Personen, die aufgrund ihres Berufs oder ihrer Erfahrung über Sachwissen zum Thema verfügen, wie z.B. Wissenschaftler, Juristen, Werbefachleute etc.

Machen Sie die entsprechenden Adressaten ausfindig und bitten Sie telefonisch oder schriftlich um ein Interview. Um Ihre Erfolgsquote zu erhöhen, betonen Sie dabei, dass Sie nichts verkaufen wollen, sondern das Interview für Ihre Diplomarbeit brauchen und dass es nicht lange dauern wird.

Erstellen Sie einen Fragebogen
Im zweiten Schritt konzipieren Sie dann das Interview. Dabei haben Sie grundsätzlich die Wahl zwischen:

Offene Fragen haben den Vorteil, dass Ihr Interviewpartner auch Dinge zur Sprache bringen kann, nach denen Sie nicht gefragt haben, die aber interessant für Sie sind. Sie haben den Nachteil, dass Ihr Interviewpartner womöglich vom Hundertsten ins Tausendste kommt. Zudem sind Antworten auf offene Fragen statistisch schwerer auszuwerten.

Auf geschlossene Fragen dagegen erhalten Sie eindeutige, präzise und vergleichbare Antworten. Dafür erfahren Sie auch wirklich nur das, wonach Sie fragen.

Möglicherweise kombinieren Sie auch beide Frageformen miteinander. So oder so, beherzigen Sie Folgendes:

- Stellen Sie Ihre Fragen in einer sinnvollen und logischen Reihenfolge.

- Formulieren Sie Ihre Fragen einfach und verständlich.

- Fassen Sie das Interview so kurz wie möglich. Sorgen Sie dafür, dass Ihr Interviewpartner nicht mit Blick auf Ihren zehnseitigen Fragebogen von vornherein die Lust verliert.

- Gestalten Sie das Layout Ihres Fragebogens übersichtlich und zweckmäßig, so dass Sie oder Ihr Interviewpartner ihn problemlos ausfüllen können.

Ist Ihr Fragebogen soweit ausgereift, überlegen Sie, ob Sie das Interview besser mündlich (von Angesicht zu Angesicht oder telefonisch) oder schriftlich durchführen.

Mündliche Interviews sind zeitraubender, haben aber den Vorteil, dass Sie sich auf Ihren Interviewpartner individuell einstellen können. Bei schriftlichen Interviews dagegen ist die Verständigung zwischen Ihnen und Ihrem Interviewpartner auf den Fragebogen beschränkt. Dafür entfällt die Terminabstimmung und Sie erhalten mit dem ausgefüllten Bogen direkt auch eine schriftliche, überprüfbare Quelle.

Wollen Sie ein mündliches Interview durchführen, können Sie ein Aufnahmegerät mitlaufen lassen. Notieren Sie trotzdem in jedem Fall die Antworten Ihres Interviewpartners sofort zumindest stichwortartig. Ein Interview nur auf der Grundlage von Tonbandaufnahmen auszuwerten, ist äußerst mühselig.

Führen Sie das Interview (oder die Interviews) durch
Doch zuvor testen Sie unbedingt die Wirkung Ihrer Fragen, aber auch die voraussichtliche Dauer des Interviews in einem

Probeinterview mit einem Freund oder Kommilitonen. Stellen Sie so vorab fest, ob Ihr Interview in der geplanten Form überhaupt durchführbar und auswertbar ist.

Ist das geklärt, vermerken Sie sich der Überprüfbarkeit wegen zu jedem Interview Ort und Datum, Namen Ihres Ansprechpartners, sowie ggf. weitere Informationen zu Ihrem Ansprechpartner wie z.B. seine Adresse.

Haben Sie Ihrem Interviewpartner Anonymität zugesichert, überlegen Sie – am besten gemeinsam mit Ihrem Dozenten – ob Sie die Daten verkürzen (Erna. B. aus D.), verschlüsseln (Interview Nr. 7) oder so verändern, dass der Interviewpartner nicht rekonstruiert werden kann.

Wollen Sie mehrere Interviews statistisch korrekt miteinander vergleichen, ziehen Sie unbedingt entsprechende Fachliteratur hinzu.

Persönliche Nachforschungen durch eigene Beobachtungen vor Ort

Schreiben Sie eine praxisbezogene Diplomarbeit, ist es unter Umständen sinnvoll, wenn Sie persönliche Beobachtungen einbringen, z.B. von:
▸ räumlichen Gegebenheiten (z.B. Gestaltung eines Literaturcafés)
▸ Situationen (z.B. Essensausgabe in der Kantine) oder
▸ umfassenden, komplexen Vorgängen (z.B. Antiaggressionstraining mit Jugendlichen)

Auch hier gilt natürlich: Stellen Sie vorab sicher, dass Ihr Dozent diese Art Informationsquelle anerkennt. Wenn ja, gehen Sie vor wie folgt:

■ **Stellen Sie umfassende und gründliche Beobachtungen an**
Versuchen Sie, die Dinge möglichst gründlich wahrzunehmen. Registrieren Sie sowohl das Große und Ganze als auch die Details. Stützen Sie Ihre Beobachtungen ab durch:

> ‣ Protokolle / Notizen
> ‣ Zeichnungen / Fotos
> ‣ Audio- und Videoaufnahmen
> ‣ Gespräche mit Anwesenden
> ‣ Vergleiche mit ähnlichen in der Fachliteratur beschriebenen Begebenheiten

■ **Bringen Sie Ihre Beobachtungen in angemessener Form in Ihre Arbeit ein**
Damit Sie keinen Erlebnisbericht anstelle einer wissenschaftlichen Arbeit verfassen:

> ‣ Stellen Sie unmissverständlich klar, dass es sich um Ihre persönliche Sicht der Dinge handelt. Grenzen Sie Ihre Beobachtungen von anderen Quellen scharf ab. Thematisieren Sie ggf., ob Sie als stiller Beobachter oder als aktiver Teilnehmer anwesend waren.

> ‣ Bringen Sie Ihre Beobachtungen auf den Punkt. Was ist wesentlich für Ihre Untersuchung?

> ‣ Machen Sie Ihre Beobachtungen durch die exakte Beschreibung der Rahmenbedingungen nachvollziehbar. Falls nötig, fügen Sie zur Überprüfbarkeit Fotos, Interviews mit Teilnehmern o.Ä. bei.

Also nicht: „Die Bewohner des Altenheims haben die Skatnachmittage sichtbar genossen." Sondern: „An 10 Skatnachmittagen, die stattgefunden haben in x, unter der Leitung von y, nahmen im Durchschnitt z Bewohner teil. Dabei konnte ich beobachten, dass... In anschließenden Kurzinterviews bestätigten die Bewohner..."

▸ Ergänzen Sie Ihre persönlichen Nachforschungen durch entsprechende Fachliteratur. Stellen Sie Ihre Beobachtungen in Beziehung zu den Ergebnissen der Forschung auf diesem Gebiet (z.B. „Die Erhöhung kommunikativer Kompetenz durch Spiele stellt auch XY in seiner Studie...").

Das Wichtigste in Kürze

Entscheiden Sie abhängig von Ihrem Thema, Ihrer Zeit, Ihrer Motivation und den Anforderungen Ihres Dozenten, welche Form der Materialsuche für Sie in Frage kommt:

Recherchen in der Unibibliothek

Machen Sie sich gründlich mit der Organisation vertraut. Erstellen Sie eine Liste mit Suchbegriffen: Sichten Sie systematisch Kataloge und Nachschlagewerke sowie nach dem Zufallsprinzip die Regalbestände in den entsprechenden Fachabteilungen; außerdem Inhalts- und Literaturverzeichnisse entsprechender Fachliteratur. Nehmen Sie ggf. einen Suchdienst in Anspruch. Sichern Sie sich interessantes Material frühzeitig durch Vorbestellungen oder Kopien. Sorgen Sie für Ordnung bei Ihrem gefundenen Material, beschriften Sie Kopien sofort.

Recherchen in öffentlichen und privaten Büchereien, Archiven und in Buchhandlungen

Finden Sie mittels Telefonbüchern, Adressverzeichnissen, Fachliteratur und durch Nachfragen bei Ihren Dozenten und Kommilitonen heraus, welche weiteren Büchereien und Archive interessant sein könnten. Im Übrigen gilt für die Recherche dasselbe wie für die Unibibliothek. Außerdem können Sie sich aktuelle Neuerscheinungen in Buchhandlungen unverbindlich bestellen lassen.

Recherchen im Internet

Machen Sie sich mit den Grundlagen des Internets und den für Ihr Thema ergiebigsten Suchmaschinen vertraut und finden

Sie heraus, wo Sie am besten und günstigsten arbeiten können. Gehen Sie mit einer konkreten Startadresse und / oder einer Stichwortliste auf die Suche und verzetteln Sie sich nicht. Durch die Internetrecherche können Sie sich einen ersten Überblick verschaffen, an unveröffentlichtes oder schwer zugängliches Material kommen, Recherchen vor Ort vorbereiten und Ansprechpartner finden.

Persönliche Nachforschungen in Form von schriftlichen und mündlichen Anfragen

Suchen Sie gezielt oder eher aufs Geratewohl nach speziellen, ausgefalleneren Informationen, kann unter Umständen ein kompetenter Ansprechpartner weiterhelfen. Geeignete Ansprechpartner finden Sie z.B. durch Fachliteratur, Ihren Dozenten, Kommilitonen, ein Brainstorming. Wägen Sie ab, ob eine schriftliche (Brief, Fax, E-Mail) oder mündliche (persönlich, Telefon) Anfrage oder eine Kombination sinnvoll ist. Formulieren Sie Ihr Anliegen präzise und höflich.

Persönliche Nachforschungen in Form von Interviews

Als Interviewpartner können interessant sein: offizielle Vertreter / Sprecher von Unternehmen, Behörden etc.; von einer Sache / einem Ereignis Betroffene; Personen mit entsprechendem Fachwissen. Entscheiden Sie sich für ein mündliches oder schriftliches Interview mit offenen / geschlossenen Fragen. Formulieren Sie die Fragen verständlich und führen Sie vorweg ein Probeinterview.

Persönliche Nachforschungen in Form von eigenen Beob-achtungen vor Ort

Bei praxisbezogenen Arbeiten kann es sinnvoll sein, dass Sie persönliche Beobachtungen von bestimmten Örtlichkeiten, Situationen oder Prozessen aufnehmen. Erfassen Sie den Gegenstand Ihrer Beobachtung gründlich und stützen Sie Ihre Wahrnehmung durch z.B. Protokolle und Fotos ab. Machen Sie in Ihrer Arbeit Ihre Beobachtungen als solche kenntlich. Beschreiben Sie die Dinge präzise und ziehen Sie ergänzend Fachliteratur hinzu.

Überblick

1.4. Material sichten und ordnen

Auf den folgenden Seiten wird beschrieben, wie Sie die Übersicht über Ihr gefundenes Material behalten:

▸ Sichten und beurteilen Sie Ihr Material durch gezieltes Leseverhalten

▸ Sorgen Sie für Ordnung und sichern Sie Ihre Daten

1.4. Material sichten und ordnen

Haben Sie einmal mit Ihren Recherchen begonnen, verwandelt sich Ihr Schreibtisch im Nu in eine einzige Ablagefläche, auf der Bücherstapel, Berge von Kopien und Notizen auf Ihre Bearbeitung warten. Sorgen Sie von Anfang an dafür, dass Sie den Überblick behalten – bevor es kein Durchkommen mehr gibt:

▸ Sichten Sie Ihr gefundenes Material im Schnellverfahren
▸ Bringen Sie Ordnung in Ihr Material und sichern Sie Ihre Daten

Sichten Sie Ihr Material im Schnellverfahren

Damit Sie nicht in unüberschaubaren Materialbergen versinken, trennen Sie die Spreu vom Weizen. Unterscheiden Sie von vornherein:

Geeignetes Material:	Vielleicht geeignetes Material:	Ungeeignetes Material:
Material, das einen unmittelbaren Bezug zu Ihrem Thema hat	Material, das einen weiteren Bezug zu Ihrem Thema hat	Material, das keinen bzw. einen sehr entfernten Bezug zu Ihrem Thema hat
und	und	oder
das wissenschaftlich seriös ist	das wissenschaftlich seriös ist	wissenschaftlich unseriös ist

Diese Gliederung eignet sich übrigens genauso für Ihren PC, auch dort können Sie für die erste Sortierung drei genauso lautende Verzeichnisse einrichten und Dateien aller Art (wie z.B. gespeicherte Websites und heruntergeladene Texte und Grafiken) vorsortieren.

Prüfen Sie durch gezieltes Lesen, ob Ihr Material Bezug zu Ihrem Thema hat

Kürzere Aufsätze und Artikel können Sie lesen, wie aber auf die Schnelle den Inhalt eines Buches oder eines 20-Seiten-Aufsatzes bewerten? Indem Sie sich auf das Wesentliche beschränken:

▸ Verschaffen Sie sich anhand der Überschriften im Inhaltsverzeichnis eine erste Orientierung. Konzentrieren Sie sich bei Aufsätzen und Artikeln auf die Zwischenüberschriften.

▸ Lesen Sie Vor- und Nachwort. Hier finden Sie in komprimierter Form, was der Autor plant bzw. herausgefunden hat.

▸ Falls vorhanden, überfliegen Sie Einführungen und Zusammenfassungen zu den jeweiligen Kapiteln. Kurze Einführungen und Zusammenfassungen sind Gold wert, denn hier bekommen Sie das Wichtigste in Kürze serviert.

▸ Schlagen Sie im Schlagwort- und Personenregister nach, ob für Ihr Thema relevante Begriffe und Autoren aufgeführt werden.

Im Übrigen: Lesen Sie quer! Überfliegen Sie längere Texte und halten Sie Ausschau nach Fachwörtern, Ausdrücken oder Autoren, die für Ihr Thema von Belang sind. Vielleicht machen Sie sich vor dem Lesen eine Stichwortliste mit den Schlüsselbegriffen, die für Sie von Interesse sind.

Entscheiden Sie, ob Ihr Material wissenschaftlich seriös ist

Zunächst einmal: Wissenschaftlich seriös ist ein Hilfsbegriff, der nirgends klar definiert ist. Was darunter zu verstehen ist, hängt immer auch davon ab, wie Sie Ihr Material verwerten.

Verwenden Sie Ihr Material, um über das Material selbst zu schreiben, muss das Material nicht unbedingt den Anspruch der Seriosität erfüllen. So können Sie z.b. in eine Arbeit über Direktmarketing durchaus den Werbetext für ein Waschmittel einbringen, solange Sie den Text aus kritischer Distanz beleuchten.

Verwenden Sie dagegen das Material, um eine Aussage über etwas zu machen, muss das Material seriös sein. Das bedeutet, schreiben Sie z.b. eine Arbeit über die Umweltverträglichkeit von Waschmitteln und wollen eine Aussage über ein bestimmtes Waschmittel machen, können Sie den dazugehörigen Werbetext natürlich vergessen.

Als Faustregel gilt: Wissenschaftlich seriöses Material erkennen Sie daran, dass die dort gemachten Aussagen nachvollziehbar und überprüfbar sind. Der Autor stützt seine Behauptungen durch Argumente, Quellen und Literatur. Behauptet jemand in wissenschaftlicher Fachliteratur „Immer mehr Kinder sind verhaltensauffällig", so wird er diese Aussage belegen.

Nehmen Sie Ihr Material kritisch unter die Lupe:

▸ Sind die Aussagen durch schlüssige Gedankengänge und Argumente untermauert? Können Sie den Ausführungen ohne Weiteres folgen?

▸ Werden Behauptungen durch z.B. Quellen, Untersuchungen und Fachliteratur gestützt?

▸ Sind die Quellenangaben präzise? Können Sie anhand der Quellenangaben problemlos nachvollziehen, welche Quellen angesprochen sind, oder finden Sie lediglich diffuse Hinweise z.B. auf „Neuere Studien"?

Hilfreich bei der Beurteilung Ihres Materials können außerdem sein:

▸ Literaturverzeichnis:
Ist die Standard-Fachliteratur berücksichtigt? Sind die ange-führten Titel Fachbücher? Oder besteht der überwiegende Teil der Literaturangaben womöglich aus Werken, die der Autor selbst verfasst hat?

▸ Fachliteratur:
Werden Autor oder Titel in der Fachliteratur erwähnt? Wie werden sie bewertet?

▸ Verlag und Herausgeber:
Ist der Verlag ein Fachverlag? Wer ist der Herausgeber?

▸ Aufmachung:
Wie ist die äußere Aufmachung? Wen soll das Buch (Zeit-schrift / Zeitung) ansprechen, eher Fachpublikum oder mög-lichst viele Leser? Wird im Klappentext oder Vorwort eine bestimmte Zielgruppe angesprochen?

▸ Schreibstil:
Ist der Schreibstil plakativ, vereinfachend oder sind die Aus-sagen vorsichtig bzw. wissenschaftlich formuliert?

▸ Bei persönlichen Informationen (z.B. durch Briefe, Interviews):
Ist der Ansprechpartner von seiner Funktion her kompetent? Hat er aufgrund seiner Funktion Gründe, Sie von bestimmten Dingen zu überzeugen? Lassen sich die Aussagen durch Fach-literatur belegen?

- Bei Internetinformationen:
  Wo haben Sie das Material gefunden, z.B. auf der Website einer Universität oder als anonymen Beitrag in einem dubiosen Newsbereich?

Sind Sie sich unsicher, ob Ihr Material seriös ist oder nicht, halten Sie Rücksprache mit Ihrem Dozenten.

Bringen Sie Ordnung in Ihr Material und sichern Sie Ihre Daten

Haben Sie sich dann über Ihr Material soweit einen Überblick verschafft, gilt:

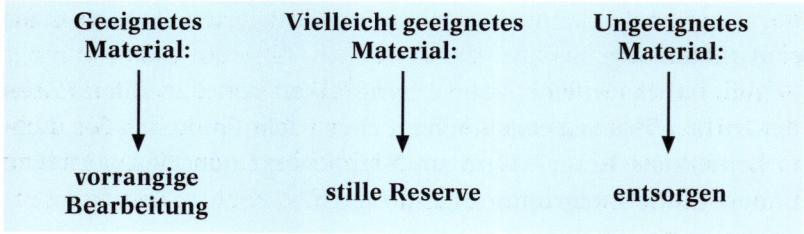

Geeignetes Material:	Vielleicht geeignetes Material:	Ungeeignetes Material:
↓	↓	↓
vorrangige Bearbeitung	**stille Reserve**	**entsorgen**

Verzetteln Sie sich nicht mit Material, das keinen direkten Bezug zu Ihrem Thema hat.

Bringen Sie rigoros alles, was offensichtlich unseriös ist, zurück in die Bücherei. Auch wenn es verlockend ist, statt des komplizierten Fachbuchs lieber das nett aufgemachte „Betriebswirtschaft für Anfänger" zu Rate zu ziehen. Durch nicht akzeptables Material bringen Sie Ihre gesamte Diplomarbeit in Misskredit.

Sind Sie sich bei Material unsicher, ob Sie es später verwenden können, legen Sie es erst einmal zur Seite und machen sich eine entsprechende Notiz. Widmen Sie sich in erster Linie dem Material, das sicher geeignet ist. Dabei erleichtern Sie sich Ihr weiteres Vorgehen erheblich, wenn Sie dieses Material nicht einfach aufeinander stapeln, sondern systematisch ordnen, wahlweise:

▸ alphabetisch, nach Autoren,
▸ nach Schlagwörtern,
▸ nach Art des Materials (z. B. Aufsätze, Interviews etc.)

Sehr hilfreich, um Ordnung in Ihr gefundenes Material zu bringen, sind Literaturverwaltungsprogramme. Mit einem Literaturverwaltungsprogramm können Sie das Material für Ihre Diplomarbeit systematisch katalogisieren. Die Arbeitsweise solcher Programme ist stets dieselbe. Zunächst geben Sie Autor, Titel, Erscheinungsjahr und andere Informationen in ein vorgefertigtes Formular ein. Das Programm sortiert diese Angaben dann automatisch unter bestimmten Kategorien. Erinnern Sie sich später zum Beispiel dunkel daran, dass ein Autor namens Schmitz oder vielleicht auch Schmidt etwas über die Strukturen der frühen baskischen ETA geschrieben hat, brauchen Sie nicht mehr hektisch alle Notizen zu durchwühlen, um diesen Titel zu finden. Stattdessen können Sie diesen Text bequem von dem Programm suchen lassen.

Die meisten Literaturverwaltungsprogramme können in der Regel aber noch mehr: So gehört der Import von Daten aus auswärtigen Datenträgern (beispielsweise via Internet aus dem Katalog Ihrer Universitätsbibliothek) ebenso zum Standard wie der Export von Daten, etwa in die Fußnoten Ihrer Diplomarbeit. Je nach Programm können Sie die Daten dabei auch gleich so formatieren, wie Sie diese für Ihre Diplomarbeit brauchen. Schließlich bieten etliche dieser Programme auch Platz für eigene Notizen, Zitatensammlungen und anderes mehr, was dann genauso ordentlich verwaltet wird wie Ihre Literatur. Dadurch haben Sie endlich die Chance, das bislang scheinbar unvermeidliche Zettelchaos tatsächlich auf ein Minimum zu reduzieren.

Der einzige Haken an der Sache: Keines der Programme kann wirklich alles und ist dabei auch noch in zehn Minuten erlernbar. Wollen Sie mit Literaturverwaltungssoftware arbeiten, müssen Sie erst einmal ein wenig Zeit investieren, um das für Sie persönlich beste Programm zu finden. Aber die Mühe lohnt sich.

Literaturverwaltungsprogramme können Sie
▸ online
▸ als Freeware oder als Web-Anwendung
▸ oder als kommerzielle Kaufversionen
entweder gleich aus dem Netz oder über Ihren Computerfachhändler beziehen. Einen ersten sehr guten Überblick zu diesem Thema finden Sie im Online-Lexikon Wikipedia (http://de.wikipedia.org/wiki/Literaturverwaltungsprogramm).

Weitere Infos zu Literaturverwaltungsprogrammen finden Sie im Anhang auf S. 256ff. . Orientieren Sie sich bei der Entscheidung für ein Literaturverwaltungsprogramm an den Kriterien in der folgenden Checkliste.

Checkliste Literaturverwaltungsprogramm

Systemvoraussetzungen
☐ Läuft das Programm auf Ihrem Rechner?

Preis
☐ Können Sie das Programm kostenlos aus dem Internet herunterladen? Oder wird zumindest eine Probeversion angeboten? Was bezahlen Sie im Handel mit allem Drum und Dran?

Funktionen

☐ Was kann das Programm? Für wen wurde das Programm ursprünglich entwickelt? Welche Extras über die Katalogisierung von Literaturangaben hinaus werden geboten?

☐ Welche dieser Funktionen brauchen Sie tatsächlich für Ihre Diplomarbeit? Benötigen Sie das Programm lediglich für Ihre Diplomarbeit oder längerfristig (etwa für eine Dissertation)?

Bedienbarkeit

☐ Wie einfach ist das Programm zu bedienen? Welche Vorkenntnisse brauchen Sie? Ist das Programm nur auf Englisch oder auch auf Deutsch erhältlich? Erklärt sich das Programm von selbst?

☐ Wie praktisch ist das Programm? Ist das Eingabeformular übersichtlich und sinnvoll aufgeteilt? Wie können Sie eine Suche starten? Wie mühelos und schnell finden Sie den gewünschten Titel? Wie komfortabel ist der Im- und Export von Daten?

Hilfen

☐ Für den Fall, dass Sie nicht weiterkommen: Wird ein Support über E-Mail oder Hotline angeboten? Ist dieser Service umsonst oder kostenpflichtig? Existiert ein verständliches und erschwingliches Handbuch zum Programm?

Zweifellos können Sie die Literaturverwaltung für Ihre Diplomarbeit auch ohne spezielle EDV bewältigen. Mit den folgenden
Empfehlungen lässt sich dem späteren Chaos vorbeugen:

▸ Beschriften Sie alle Unterlagen so, dass Sie auch in ein paar
  Wochen noch wissen, worum es sich handelt. Schreiben Sie zu
  Ihren Notizen, worauf Sie sich beziehen. Vermerken Sie auf
  Ihren Kopien, was woraus kopiert wurde. Denken Sie daran,
  dass Ihre Materialberge in der nächsten Zeit rapide anwach-
  sen werden.

▸ Behalten Sie den Überblick in Ihrem Computer. Benennen
  Sie Dateien / Verzeichnisse klar und eindeutig, so dass Sie
  Ihre Sachen auch wiederfinden. Haben Sie bereits eine Vor-
  stellung von den Gliederungspunkten Ihrer Arbeit, benennen
  Sie die Verzeichnisse entsprechend dieser Punkte. Denken
  Sie aber daran, auch die Verzeichnisse zu ändern, wenn sich
  an Ihrer Gliederung etwas ändert. Hilfreich: Sie versehen
  Ihre mit dem Computer erstellten Dokumente mit entspre-
  chenden Kopfzeilen.

▸ Wenn Sie Ihr Material nach Schlagwörtern sortieren, wird
  sich nicht jeder Aufsatz, jede Notiz immer eindeutig nur unter
  ein Schlagwort einordnen lassen. Heften Sie dieses Material unter dem Schlagwort ab, das Ihnen am treffendsten
  erscheint, und machen Sie sich unter den Schlagwörtern, zu
  denen dieses Material ebenfalls passt, einen Querverweis. So
  verhindern Sie, dass Ihr Artikel über „Goethe, Schiller und
  die Stadt Weimar" auf Nimmerwiedersehen unter dem Schlagwort „Goethe" verschwindet, obwohl Sie diesen Artikel bei
  Ihrem Kapitel über das moderne Weimar wunderbar hätten
  brauchen können.

Spätestens jetzt sollten Sie sich eine Sicherungsstrategie für die auf Ihrem Computer abgelegten Informationen überlegen (also für alles, was irgendwie zu Ihrer Diplomarbeit gehört, auch z.B. die Internet-Bookmarks / Favoriten): Kaum eine Katastrophe kann Sie schlimmer treffen, als das Versagen der Festplatte Ihres PCs kurz vor dem Abgabetermin.

Wahlweise können Sie Ihre Daten sichern
- auf CD- ROM oder DVD (Achtung, die Datenträger sind oft empfindlicher als man denkt. Nicht in die Sonne legen! Außerdem ist die Haltbarkeit keineswegs unbegrenzt)
- auf USB-Stick
- auf externer Festplatte
- per Mail oder USB-Stick auf der Festplatte eines Freundes
- im Internet, falls Sie einen eigenen Webspace besitzen (in jedem Fall passwortgeschützt und / oder verschlüsselt)

Sichern Sie alles Wichtige täglich, vor allem gegen Ende Ihrer Arbeit. Und machen Sie einmal pro Woche eine Komplettsicherung (Backup) – für einen ruhigen Schlaf. Sie können dabei einen Datumsfilter einstellen, so dass Sie nur die Daten speichern, die seit der letzten Sicherung neu erstellt wurden. Beschriften Sie Ihre Sicherungskopien penibel und heben Sie sie vorsichtshalber einige Wochen auf – es könnte sein, dass Sie einmal versehentlich etwas löschen, das Sie dann noch brauchen.

Und ganz Vorsichtige bewahren ihre Sicherungskopien außer Haus auf, denn schließlich kann man Wohnungsbrände, Wasserrohrbrüche und andere Katastrophen nie ausschließen.

Das Wichtigste in Kürze

Damit Sie sich auf die wirklich wichtigen Dinge Ihrer Arbeit konzentrieren können, sorgen Sie für Ordnung bei Ihrem gefundenen Material.

Sichten Sie Ihr Material im Schnellverfahren

Unterscheiden Sie von Anfang an:

▶ Geeignetes Material: Unmittelbarer Bezug zu Ihrem Thema und wissenschaftlich seriös

▶ Vielleicht geeignetes Material: Weiterer Bezug zu Ihrem Thema und wissenschaftlich seriös

▶ Ungeeignetes Material: Keinen Bezug zu Ihrem Thema oder wissenschaftlich unseriös

Dazu lesen Sie gezielt Inhaltsverzeichnis, Überschriften, Vor- und Nachwort, Einführungen und Zusammenfassungen, Stichwort- und Personenregister. Im Übrigen lesen Sie quer und konzentrieren Sie sich auf entsprechende Schlüsselbegriffe. Prüfen Sie außerdem, wie seriös das Material ist, anhand: Argumentationsweise, Quellenangaben, Literaturverzeichnis, anderer Fachliteratur, Verlag und Herausgeber, Aufmachung, Schreibstil, bei persönlichen Auskünften der Funktion des Ansprechpartners.

Bringen Sie Ordnung in Ihr Material und sichern Sie Ihre Daten

Trennen Sie sich rigoros von unbrauchbarem Material, behalten Sie vielleicht brauchbares Material in der Reserve. Sortieren Sie Ihr geeignetes Material alphabetisch, nach Schlagwörtern oder Art des Materials. Beschriften Sie alles eindeutig und penibel. Sichern Sie außerdem die Informationen auf Ihrem PC, wichtige Daten täglich, alles Übrige wöchentlich. Speichern Sie Ihre Daten in jedem Fall immer auch extern, zum Beispiel auf einer CD-ROM, einer zweiten Festplatte oder einem USB-Stick.

2. Zur Sache: Eine wissenschaftliche Arbeit verfassen

Überblick

2.1. Gliederung und weiteres Vorgehen festlegen

Sind Sie mit Ihrem Thema vertraut, vereinfachen Sie sich Ihre nächsten Schritte und erstellen Sie eine Gliederung für Ihre Arbeit. Auf den folgenden Seiten lesen Sie:

▸ Wie Sie eine Gliederung ausarbeiten

▸ Wie Sie anhand Ihrer Gliederung
  ▸ Ihre weiteren Recherchen
  ▸ den Umfang der Arbeit
  ▸ Ihre Zeiteinteilung
  gezielt angehen können.

Dazu finden Sie Ihren persönlichen Planer.

2.1. Gliederung und weiteres Vorgehen festlegen

Haben Sie sich einen Überblick über Ihr Thema verschafft, entwerfen Sie eine Gliederung für Ihre Arbeit. Legen Sie den vorläufigen Aufbau fest: Was will ich in welchen Teilschritten in welcher Reihenfolge darstellen?

Dadurch erleichtern Sie sich Ihre weiteren Schritte ungemein. Sie schaffen sich so einerseits einen inhaltlichen roten Faden, der Ihnen hilft, bei der Beschäftigung mit Ihrem Material zwischen all den Theorien, Untersuchungen und Aussagen zu Ihrem Thema die Orientierung zu bewahren. Sie legen mit Ihrer Gliederung das übergeordnete Gedankengebäude Ihrer Arbeit fest, auf das Sie sich bei der theoretischen Auseinandersetzung mit Ihrem Material, aber auch später beim Schreiben stützen können.

Zugleich bildet Ihre Gliederung den Ausgangspunkt für die Planung Ihrer weiteren Schritte. Anhand Ihrer Gliederungspunkte können Sie gezielt in Angriff nehmen:

▸ Ihre weiteren Recherchen: Zu welchen Gliederungspunkten fehlt noch Material? Mit welchem Material müssen Sie sich noch eingehender beschäftigen?

▸ Den Gesamtumfang Ihrer Arbeit und den Umfang Ihrer einzelnen Kapitel: Wie lang sollten die einzelnen Gliederungspunkte optimalerweise werden?

▸ Ihre Zeiteinteilung: Wie viel Zeit sollten, wie viel Zeit können Sie pro Gliederungspunkt einkalkulieren, um im Limit zu bleiben?

Dabei werden Sie Ihre Gliederung im Verlauf der Zeit in dem ein oder anderen Punkt immer wieder dem neuesten Stand der Dinge anpassen müssen. So werden Sie vielleicht feststellen, dass Sie zum geplanten Punkt 3.1. Ihrer Arbeit kaum Material finden und Punkt 2.5. besser schon im ersten Teil Ihrer Arbeit behandeln. Handhaben Sie Ihre Gliederung in den Einzelheiten flexibel, ohne dabei die große Linie aus den Augen zu verlieren. Doch zunächst einmal gehen Sie vom Status quo aus und:

▸ Erstellen Sie die Gliederung Ihrer Arbeit
▸ Planen Sie mittels Ihrer Gliederung Ihr weiteres Vorgehen

Eine Gliederung erstellen

Machen Sie sich daran, die Gliederung Ihrer Diplomarbeit auszuarbeiten. Ist Ihnen Ihr Thema soweit klar, stehen Sie vor der Aufgabe, das Ganze in überschaubare, logisch aufeinander folgende Teilthemen aufzuteilen. Das hört sich vielleicht komplizierter an als es ist: Zerlegen Sie Ihr Thema einfach schrittweise in immer kleinere Untergliederungspunkte und ordnen Sie Ihre Gliederungspunkte in einer sinnvollen Reihenfolge. Dazu ein Beispiel:

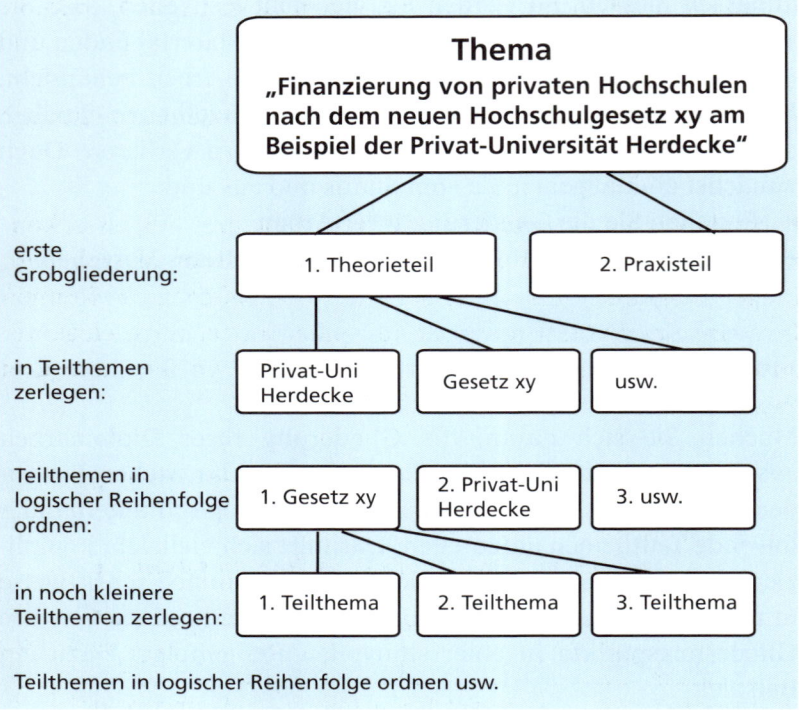

Nach diesem Prinzip der Unterteilung fahren Sie solange fort, bis Ihre Gliederung so weit ausgereift ist, dass Sie die Grundlage für das Inhaltsverzeichnis Ihrer Arbeit bildet. Achten Sie dabei darauf, dass die einzelnen Gliederungspunkte in etwa gleich umfangreich sind.

Dabei ergibt sich eine erste grobe Unterteilung, wie in diesem Beispiel in Theorie und Praxis, meist aus dem Thema selbst. Finden Sie den Anfang nicht, unterteilen Sie Ihr Thema zunächst durch drei grundlegende Fragen:

▸ Worum geht es? Welchen Gegenstand behandelt die Arbeit?

▸ Was ist dazu zu sagen? Unter welchen Gesichtspunkten kann dieser Gegenstand beleuchtet werden?

▸ Welche Schlussfolgerungen ergeben sich aus der Betrachtung? Wie wirken sich die Ergebnisse aus?

Formulieren Sie anhand Ihres Themas diese drei Fragen in konkreter Form. Kümmern Sie sich dabei nicht darum, ob sich diese Fragen möglicherweise unwissenschaftlich anhören. Sie können Ihre einzelnen Gliederungspunkte später immer noch eleganter ausdrücken. Im nächsten Schritt differenzieren Sie diese drei Punkte dann weiter aus. Ein Beispiel:

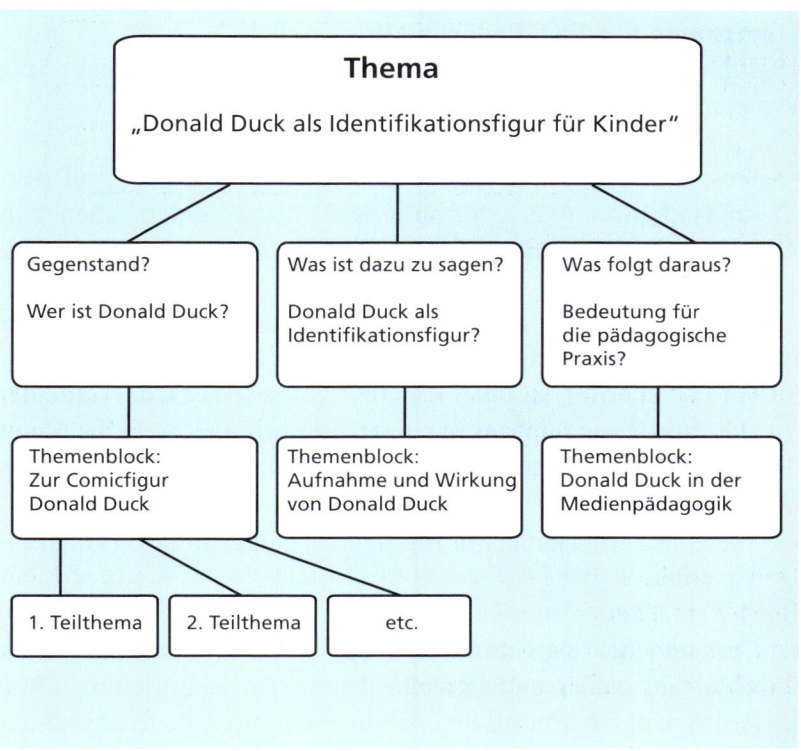

Kommen Sie überhaupt nicht weiter, versuchen Sie, Ihre Gliederung auf umgekehrtem Weg auszuarbeiten. Setzen Sie statt bei Ihrem Thema an den Details an:

Gehen Sie Ihre Unterlagen durch und bündeln Sie Ihre Einzelbetrachtungen zu Paketen. Überlegen Sie, welche Aspekte sich unter welchem Motto vereinigen lassen. Fassen Sie diese Pakete dann wiederum zu größeren Paketen unter einer Überschrift zusammen usw., bis Sie auf der obersten Ebene Ihrer Gliederung angekommen sind. Hilfreich kann hier auch die Gliederungsfunktion Ihres Textverarbeitungsprogramms sein.

Überprüfen Sie die Gliederung Ihrer Arbeit
Unabhängig davon, nach welchem System Sie Ihre Gliederung festlegen, stellen Sie abschließend sicher:

▸ Stehen alle Gliederungspunkte im Zusammenhang mit dem im Titel Ihrer Arbeit formulierten Thema? Oder haben sich Punkte eingeschmuggelt, die zwar interessant sind, jedoch das eigentliche Thema nur am Rand berühren? Wollen Sie auf einen nicht direkt zum Thema gehörenden Punkt auf keinen Fall verzichten, schieben Sie diesen Punkt notfalls als separaten Punkt unter der Überschrift „Exkurs" ein. Dabei sollte der Umfang dieses Punktes in einem vernünftigen Verhältnis zum Rest Ihrer Arbeit stehen.

▸ Haben Sie Ihr Thema mit Ihren Gliederungspunkten vollständig erfasst?

▸ Umfasst jeder übergeordnete Gliederungspunkt ungefähr gleich viele und gleich umfangreiche Untergliederungspunkte? Ihre Arbeit wirkt harmonischer, wenn nicht ein Gliederungspunkt zehn Unterpunkte beinhaltet und der nächste lediglich zwei.

Fassen Sie ggf. zwei etwas magere Punkte zu einem zusammen oder überlegen Sie, ob sich bei den untergeordneten Punkten noch etwas unter einen anderen Oberpunkt verschieben lässt. (Dies ist z.B. in der Gliederungsansicht Ihrer Textverarbeitung sehr einfach.)

▸ Ist die Reihenfolge Ihrer Gliederungspunkte logisch und einleuchtend? Stimmen sowohl die Abfolge der übergeordneten Gliederungspunkte als auch die Abfolge der untergeordneten Punkte?

Ist das geklärt, vergleichen Sie den Aufbau Ihrer Arbeit mit anderen Diplomarbeiten Ihres Fachs. Entspricht Ihre Gliederung der üblichen Praxis?

Und: Besprechen Sie Ihre Gliederung mit Ihrem Dozenten. Vergewissern Sie sich, dass der rote Faden Ihrer Arbeit stimmt, bevor Sie weitermachen.

Das weitere Vorgehen planen

Steht Ihre Gliederung fest, planen Sie anhand Ihrer Gliederung Ihre weiteren Recherchen, den Umfang Ihrer Arbeit sowie Ihrer einzelnen Gliederungspunkte und Ihre Zeiteinteilung. Verschaffen Sie sich zunächst einen Überblick über Ihre gesamte Arbeit und vervollständigen Sie dann Ihre Gliederung mit den noch fehlenden Bestandteilen Ihrer Arbeit (s. Kap. 3.2., S. 169ff.):

Weitere Bestandteile Ihrer Diplomarbeit	
obligatorisch:	**ggf. ergänzend:**
‣ Deckblatt	(soweit jetzt schon absehbar)
‣ Inhaltsverzeichnis	‣ Abkürzungsverzeichnis
‣ Einleitung	‣ Abbildungsverzeichnis/
‣ Schlusswort	Tabellenverzeichnis
‣ Literaturverzeichnis	‣ Anhang
	‣ abschließende Erklärung

Damit haben Sie eine Planungsgrundlage.

Schätzen Sie pro Gliederungspunkt weitere Recherchen, Umfang und Arbeitsaufwand ab. Gehen Sie Ihre Gliederung systematisch Punkt für Punkt durch und kalkulieren Sie:

‣ **Ihre weiteren Recherchen:**
   Zu welchem Punkt fehlen noch welche Informationen? Welches Material müssen Sie noch lesen und auswerten?

‣ **den Umfang der einzelnen Gliederungspunkte:**
   Wie viele Seiten ergeben sich pro Unterpunkt wahrscheinlich? Wie viele Seiten sollten sich optimalerweise ergeben?

‣ **den Gesamtumfang Ihrer Arbeit:**
   Wie lang wird Ihre Arbeit voraussichtlich insgesamt? Liegen Sie knapp unter oder über dem Soll, können Sie dies (allerdings nur in begrenztem Umfang) durch eine geschickte Formatierung und/oder Extra-Nummerierung von Inhaltsverzeichnis und anderen separaten Teilen ausgleichen.

▸ **Ihre Zeit:**

Grundsätzlich: Rechnen Sie großzügige Zeitreserven mit ein, damit Sie der Betriebsausflug der Bibliotheksangestellten, Computerausfall, Schreibhemmungen und ähnliche Katastrophen nicht aus dem Gleichgewicht bringen. Wie viel Zeit sollten Sie für Ihre weiteren Recherchen einplanen? Wie lange werden Sie wahrscheinlich pro Unterpunkt für das Schreiben brauchen? Wie viel Zeit sollten Sie außerdem für Korrekturlesen und Schlusslayout einkalkulieren? Gehen Sie dabei unbedingt davon aus, dass Sie für das Schreiben und Überarbeiten länger brauchen, als Sie glauben. Rechnen Sie außerdem mit ein, dass Sie Ihre Arbeit zum Schluss noch formatieren, drucken und binden lassen müssen.

Auf den nächsten beiden Seiten finden Sie Ihren persönlichen Planer für Ihre Diplomarbeit.

Planer Diplomarbeit

Thema:..

Bestandteil	Was fehlt noch: • Material ausfindig machen • Material lesen • Sonstiges	Zeit in Tagen für • Recherche • Schreiben • Überarbeiten	Voraussichtliche Seitenzahl
Deckblatt			
Inhaltsverzeichnis			
Einleitung			
1. Themenblock:			
1.1.			
1.2.			
1.3.			
1.4.			
		+ Reservetage	
2. Themenblock:			
2.1.			
2.2.			
2.3.			
2.4.			
		+ Reservetage	
3. Themenblock:			
3.1.			
3.2.			

3.3.			
3.4.			
		+ Reservetage	
4. Themenblock:			
4.1.			
4.2.			
4.3.			
4.4.			
		+ Reservetage	
Schlusswort			
Literaturverzeichnis			
weitere Verzeichnisse			
Anhang			
abschl. Erklärung			
		Insgesamt:	Insgesamt:
+ Korrekturlesen			
+ Formatieren, Drucken, Binden			
+ Sicherheitsreserve			
		Total	

Außerdem nicht vergessen: ....

....

Das Wichtigste in Kürze

Ist Ihnen Ihr Thema im Großen und Ganzen klar, legen Sie eine Gliederung für Ihre Arbeit fest. Schaffen Sie sich eine inhaltliche Orientierung und die Basis für die Planung Ihrer weiteren Arbeitsschritte. Im Verlauf der Zeit aktualisieren Sie Ihre Gliederung dann immer wieder entsprechend dem aktuellen Stand der Dinge.

Erstellen Sie eine Gliederung für Ihre Arbeit

Unterteilen Sie Ihr Thema in Themenblöcke und ordnen Sie die Themenblöcke in einer logischen Abfolge. Splitten Sie die Themenblöcke in kleinere Teilthemen auf, die Sie dann wiederum ordnen. Falls sinnvoll, zerlegen Sie die Teilthemen in noch kleinere Einheiten. Dabei sollten Ihre einzelnen Gliederungspunkte ungefähr gleich umfangreich sein.

Überprüfen Sie abschließend, ob alle Punkte tatsächlich zum Thema Ihrer Arbeit gehören, Sie Ihr Thema vollständig erfasst haben, die Punkte schlüssig aufeinander folgen und das Gliederungsschema den Standards Ihres Fachs entspricht. Halten Sie Rücksprache mit Ihrem Dozenten.

Planen Sie Ihr weiteres Vorgehen

Vervollständigen Sie Ihre Gliederung um die noch fehlenden Bestandteile Ihrer Arbeit: Deckblatt, Inhaltsverzeichnis, Einleitung, Schlusswort, Literaturverzeichnis sowie ggf. Abkürzungs-, Abbildungs-, Tabellenverzeichnis, Anhang und abschließende Erklärung.

Schätzen Sie Punkt für Punkt ein: Welche Recherchen sind noch offen? Wie viel Zeit brauchen Sie voraussichtlich für Recherchen, Schreiben und Überarbeiten? Wie umfangreich werden bzw. sollten die einzelnen Punkte werden? Rechnen Sie großzügige Zeitreserven mit ein!

Überblick

2.2. Kapitel für Kapitel schreiben

Auf den nächsten Seiten lesen Sie, wie Sie Kapitel für Kapitel Ihrer Arbeit wissenschaftlich korrekt und verständlich gestalten:

▸ Sie legen den Inhalt Ihres jeweiligen Kapitels fest:
   Was wollen Sie mitteilen?

▸ Sie entwerfen den Aufbau:
   In welcher Reihenfolge wollen Sie es mitteilen?

▸ Sie bringen Ihren Entwurf in Form:
   Wie wollen Sie es mitteilen?

Dazu finden Sie zahlreiche Beispiele, Formulierungsvorschläge sowie fünf goldene Regeln für das Schreiben einer Diplomarbeit.

2.2. Kapitel für Kapitel schreiben

Haben Sie Ihre Vorarbeiten soweit abgeschlossen, stehen Sie nun vor der Aufgabe, Ihre Notizen und Gedanken, Ihre unterstrichenen Textstellen und Ihre Grafiken – kurzum Ihr Rohmaterial – zu einer ansprechenden Diplomarbeit zusammenzufügen.

Dabei beginnen Sie nicht mit Ihrer Einleitung, sondern mit dem ersten Kapitel Ihrer Arbeit. Ihre Einleitung schreiben Sie besser zum Schluss, wenn Sie wissen, was Sie in Ihrer Arbeit tatsächlich realisiert haben. Außerdem ist es viel einfacher, wenn Sie Einleitung und Schlusswort in einem Rutsch schreiben (siehe hierzu Kap. 3.1., S. 147ff.).

Machen Sie sich allerdings nach jedem Kapitel Notizen zu Gesichtspunkten, die für Ihre Einleitung oder Ihr Schlusswort interessant sein könnten. Denn einerseits werden Ihnen inhaltliche Details nie mehr so vertraut sein wie im Augenblick. Darüber hinaus lassen Ihre Ideen und Ihr Elan zum Ende hin wahrscheinlich rapide nach, und Sie werden sich über jede noch so kleine Anregung freuen.

Schreiben Sie Ihre einzelnen Kapitel, müssen Sie drei Dinge in den Griff bekommen, nämlich:

▸ den Kapitelinhalt ⟶ Was will ich sagen?

▸ den Kapitelaufbau ⟶ In welcher Reihenfolge will ich es sagen?

▸ die Kapitelform ⟶ Wie will ich es sagen?

Auch wenn alle drei Punkte natürlich eng zusammenhängen, erleichtern Sie sich die Sache sehr, wenn Sie diese nacheinander angehen.

Den Inhalt eines Kapitels festlegen

Bevor Sie sich an die Feinheiten Ihres jeweiligen Kapitels begeben, entwerfen Sie ein Konzept. Grenzen Sie zunächst ein, was
in dieses Kapitel überhaupt hinein soll. Wie Sie dabei vorgehen,
hängt letztendlich natürlich davon ab, in welchem Maß Sie Ihr
Material und Ihre Gedanken bereits aufgearbeitet haben – und
welcher persönliche Arbeitsstil Ihnen am meisten liegt. Eine einfache und effektive Methode:

**Bestimmen Sie den Inhalt Ihres jeweiligen Kapitels
schrittweise:**

▶ Nehmen Sie die Gliederung Ihrer Arbeit[4] als Ausgangspunkt.
  Verwenden Sie den ersten Unterpunkt als vorläufige Überschrift für Ihr erstes Kapitel.

▶ Suchen Sie gezielt alles Material zusammen, das zu dem in dieser Überschrift formulierten Thema passt. Vermerken Sie dabei
  sofort zu allem, was Sie finden, die Quelle. Denn später nutzt
  Ihnen das schönste Zitat nichts, wenn Sie nicht mehr rekonst-
  ruieren können, von wem es stammt.

▶ Ergänzen Sie Ihr Material ggf. durch eigene Gedanken,
  Beobachtungen oder Schlussfolgerungen.

▶ Kommen Sie nicht weiter, formulieren Sie Ihre Überschrift in
  Frageform.
  Lautet Ihre Überschrift z.B.: „Lernpsychologischer Ansatz",
  formulieren Sie z.B.: „Was ist der Lernpsychologische
  Ansatz?" Stellen Sie entsprechendes Material zusammen, um
  diese Fragen zu beantworten.

---

[4] Sollten Sie noch keine Gliederung aufgestellt haben, wird es höchste Zeit,
wollen Sie nicht früher oder später im Chaos landen (s. Kap. 2.1., S. 81 ff.).

▸ Stimmen Sie gefundenes Material und Kapitelüberschrift aufeinander ab.

Bringen Sie mit Ihrer Überschrift den Inhalt Ihres Kapitels treffend auf den Punkt. Das bedeutet einerseits: Reduzieren Sie Ihr Material strikt auf das Thema, das Sie durch Ihre vorläufige Überschrift vorgegeben haben. Andererseits: Finden Sie Material, das durch die Überschrift nicht erfasst wird, aber auf jeden Fall in dieses Kapitel hinein soll, ändern Sie Ihre Überschrift entsprechend. Das gilt auch dann, wenn Sie nicht genügend Material finden, um das in Ihrer Überschrift angekündigte Thema umfassend darzustellen. Passen Sie Kapitelüberschrift und geplanten Kapitelinhalt einander an. Im Übrigen gilt grundsätzlich: Wenn Sie Überschriften verändern, überprüfen Sie unbedingt, ob Ihr neuformuliertes Kapitel noch in Ihre Gesamtgliederung passt.

▸ Berücksichtigen Sie die geplante Seitenzahl Ihres Kapitels.

Liegen Sie mit dem gefundenen Material im Rahmen oder wird Ihr Kapitel voraussichtlich wesentlich länger oder kürzer als gedacht? Wägen Sie in diesem Fall ab, was sinnvoller ist: Verzichten Sie besser auf Material (bzw. suchen noch ergänzendes Material)? Oder sollten Sie die Gliederung Ihrer Arbeit ändern und dieses Kapitel in zwei Kapitel aufsplitten (bzw. mangels Masse streichen)?

▸ Stellen Sie sicher, dass Sie das, worüber Sie schreiben wollen, auch tatsächlich bis ins Detail verstanden haben. Viele Schreibschwierigkeiten beruhen nicht auf der Unfähigkeit zu schreiben, sondern vielmehr darauf, dass dem Verfasser nicht klar ist, was er überhaupt mitteilen möchte.

Den Aufbau eines Kapitels entwerfen

Ganz gleich, worüber Sie schreiben: Ihr Leser sollte Ihren Gedankengängen möglichst mühelos folgen können. Die interessantesten Ergebnisse und die elegantesten Formulierungen nutzen Ihnen wenig, wenn Ihr Textaufbau nicht stimmt. Steht fest, was in Ihr Kapitel hinein soll, legen Sie deshalb im zweiten Schritt den Aufbau Ihres jeweiligen Kapitels fest:

▸ Kategorisieren Sie das Material für Ihr Kapitel. Fassen Sie die Aussagen, die inhaltlich zusammengehören, unter übergeordneten Stichworten zusammen.

▸ Bringen Sie Ihre Stichpunkte in eine logische und schlüssige Reihenfolge. Wie, hängt von Ihrem Gegenstand ab. Sie können z.B. eine Theorie oder einen Sachverhalt

    ▸ beschreiben, indem Sie vom Allgemeinen zum Speziellen kommen oder umgekehrt vom Speziellen aufs Allgemeine kommen, z.B. :
        `„Farbpsychologie im Allgemeinen, die Psychologie der Farbe Blau, der Farbe Kobaltblau..."`

    ▸ beschreiben, indem Sie sich an zeitlichen Abläufen oder räumlichen Begebenheiten orientieren, z.B.:
        `„Die Lehre von der Psychologie der Farben beginnt 1780 mit..."`

    ▸ diskutieren, indem Sie Argumente erörtern, die dafür oder dagegen sprechen, z.B.:
        `„Die Wirkung von Farben auf die Psyche ist umstritten..."`

> ▸ analysieren, indem Sie bestimmte festgelegte Methoden (z.B. Rechenformeln) anwenden.
> „Im Farbprisma nach Müller steht Blau in Korrelation..."

Selbstverständlich können Sie diese Textbaumuster auch innerhalb eines Kapitels miteinander kombinieren. Wie auch immer Sie vorgehen: Hauptsache, das Ihrem Text zugrunde liegende Gerüst ist stimmig. Tragen Sie Ihren Entwurf einem interessierten Zuhörer vor. Kann er Ihre Ausführungen auf Anhieb nachvollziehen?

Liegt Ihnen das systematische Vorgehen nicht, versuchen Sie, Ihren Text intuitiv aufzubauen. Schreiben Sie dazu in einem Rutsch eine Rohfassung Ihres Kapitels. Bemühen Sie sich, Ihren Gedankenfluss wie bei einem Brainstorming zu Papier zu bringen. Kümmern Sie sich weder um vollständige Sätze noch um die Formulierungen. Dann überprüfen Sie, ob der Aufbau stimmt. Fassen Sie Passage für Passage Ihres Textes unter Stichpunkten zusammen. Ist die Reihenfolge der Stichpunkte logisch?

Ist das Konzept für Ihr Kapitel soweit ausgereift, sind Sie schon ein ganzes Stück weiter und gut für den nächsten und letzten Schritt vorbereitet.

Ein Kapitel in Form bringen

Wissen Sie, was Sie in welcher Reihenfolge darstellen wollen, können Sie sich dem Wie zuwenden. Planen Sie dabei von vornherein viel Geduld mit ein. Denn auch wenn Ihr Kapitel im Prinzip in Ihrem Kopf schon steht, ist das Schreiben selbst oft langwieriger als gedacht.

Im Übrigen: Setzen Sie sich nicht mit zu hohen Erwartungen unter Druck. Niemand erwartet von Ihnen, dass Sie den Nobelpreis für Literatur gewinnen. Es reicht vollkommen aus, wenn Sie einen sachlich fundierten, gut lesbaren Text verfassen. Stellen Sie sich dazu während des Schreibens einen fiktiven Leser vor. Denken Sie sich jemanden, für den Sie schreiben. (Das muss nicht unbedingt Ihr Dozent sein.) Vielleicht stellen Sie sich Ihr Kapitel als Brief oder Teil eines Gesprächs vor. Probieren Sie aus, was Sie am meisten inspiriert. Dann nehmen Sie Ihr Konzept und Ihre sonstigen Unterlagen zur Hand und legen Sie los. Damit das Ergebnis überzeugt, halten Sie sich dabei an:

Fünf goldene Regeln für das Schreiben einer Diplomarbeit

1 Berücksichtigen Sie die Besonderheiten wissenschaftlichen Schreibens

2 Drücken Sie sich verständlich, präzise und ansprechend aus

3 Verdeutlichen Sie Ihren Textaufbau sprachlich und optisch

4 Bemühen Sie sich um eine dem Leser und der Sache angemessene Kürze

5 Sorgen Sie für ein übersichtliches Layout

Zu den fünf goldenen Regeln im Einzelnen:

Berücksichtigen Sie die Besonderheiten wissenschaftlichen Schreibens

▸ Verwenden Sie – bis auf Ausnahmen – das Präsens

▸ Geben Sie Aussagen anderer in eigenen Formulierungen wieder

▸ Bauen Sie Zitate sinngemäß und grammatikalisch korrekt ein

▸ Schreiben Sie angemessenerweise entweder im unpersönlichen Passiv oder in der „Ich-Form"

■ **Verwenden Sie – bis auf Ausnahmen – das Präsens**
Schreiben Sie grundsätzlich im Präsens. Damit betonen Sie die Allgemeingültigkeit und die Aktualität der Aussagen (z.B. „Müller sagt...", auch wenn diese Aussage von 1979 ist). Die Vergangenheitsform verwenden Sie nur, wenn Sie das Historische einer Aussage oder eines Ereignisses betonen wollen. („In der damaligen Diskussion ging Kermit davon aus... Dagegen vertritt er heute...")

■ **Geben Sie Aussagen anderer mit eigenen Formulierungen wieder**
Beziehen Sie sich auf Aussagen oder Informationen anderer, müssen Sie diese Aussagen mit eigenen Worten wiedergeben. Auch wenn z.B. das amerikanische Wahlsystem in dem Text, auf den Sie sich beziehen, wunderbar kurz und treffend erklärt wird: Wollen Sie nicht zitieren, müssen Sie sich um neue Formulierungen bemühen. Es reicht nicht aus, wenn Sie lediglich einzelne Worte oder den Satzbau geringfügig verändern.

Einzige Ausnahme: Sie zitieren indirekt und machen dies ausdrücklich klar, indem Sie den Konjunktiv der indirekten Rede verwenden und den Urheber der Aussage namentlich erwähnen („Linde beklagt, dass tiefe Freundschaften selten geworden seien..."). In diesem Fall können Sie relativ dicht am Wortlaut des Originals bleiben.

Vermerken Sie im Übrigen direkt bei jeder Aussage anderer, wo Sie diese Aussage gefunden haben. Denn Sie müssen später in der Endfassung Ihres Kapitels alle Quellen penibel angeben (s. Kap. 2.3., S. 117ff.).

■ **Bauen Sie Zitate sinngemäß und grammatikalisch korrekt ein**
Zitieren Sie Aussagen anderer wörtlich: Berücksichtigen Sie, in welchem Zusammenhang die Aussage gemacht wurde. Bleibt der Gesamtsinn in der Textstelle, die Sie zitieren, erhalten? Wie Sie selbst wissen, sind aus dem Zusammenhang gerissene Aussagen ein bewährtes Mittel, jemandem etwas zu unterstellen, das so gar nicht gemeint war. (Zur Handhabung von Zitaten s. Kap. 2.3., S. 141ff.)

Fügen Sie das Zitat grammatikalisch einwandfrei ein. Die Schnittstelle zwischen Ihrem Text und Ihrem Zitat muss grammatikalisch stimmen, auch wenn es manchmal etwas Tüftelei erfordert, bis der richtige Anschluss gefunden ist. Grammatikalische Ungetüme wie: „Müller äußert in diesem Zusammenhang, dass ‚Die Personalpolitik ist ein Teil der Unternehmenskultur'" sollten Sie tunlichst vermeiden. Richtig wäre z.B. „Müller hebt hervor: ‚Die Personalpolitik ist ein Teil der Unternehmenskultur'."

Auf keinen Fall dürfen Sie das Zitat des grammatikalischen Anschlusses wegen verändern. In dem Moment, in dem Sie den Wortlaut eines Zitates ändern, ist es keines mehr.

Hilfreiche Verben und Wendungen, um Zitate in Ihren Text zu integrieren, sind z.B.:

Der Autor xy:

sagt	beschreibt	setzt voraus	lehnt ab
betont	schildert	geht davon aus	befürwortet
hebt hervor	definiert	kommt zu dem Ergebnis	fordert
äußert	grenzt ein auf	zieht die Konsequenz	lobt
meint	stellt zur Diskussion	schlussfolgert	beklagt
vertritt die Auffassung	erklärt	kommentiert	kritisiert
formuliert	erläutert	fasst zusammen	verspricht

Nützlich in Kombination mit diesen Formulierungen sind außerdem Versatzstücke wie:

xy betont in diesem Zusammenhang	In den Worten von xy
xy stellt hier zur Diskussion	Wie xy beschreibt
xy hebt an diesem Punkt hervor	In Bezug auf ... meint xy
Im Hinblick auf ... fordert xy	Nach xy
Bezogen auf ... vertritt xy die These, dass	Hierzu erklärt xy

■ **Schreiben Sie angemessenerweise entweder im unpersönlichen Passiv oder in der „Ich-Form"**
Treten Sie in Ihrer Arbeit in Erscheinung, können Sie theoretisch zwischen dem unpersönlichen Passiv („Im Folgenden

soll nun aufgezeigt werden...") und der Ich-Form („Im Folgenden möchte ich aufzeigen...") wählen. Das unpersönliche Passiv wirkt objektiver und ist deshalb in vielen Fachbereichen Standard. In vielen Fächern ist die Ich-Form als unwissenschaftlich sogar regelrecht verpönt. Gegen die unpersönliche Form spricht allerdings, dass die Verständlichkeit leidet und Ihre Arbeit schwerer lesbar wird. Außerdem kann das unpersönliche Passiv schnell unangemessen wirken, wenn Sie sich auf persönliche Erfahrungen oder Beobachtungen beziehen. Erkundigen Sie sich, welche Form in Ihrem Fachbereich üblich ist. Halten Sie in diesem Punkt in jedem Fall sicherheitshalber Rücksprache mit Ihrem Dozenten. Eher unüblich bei Diplomarbeiten ist die Wir-Form („Wir wollen nun..."), wenn sich hinter dem „wir" niemand außer Ihnen verbirgt.

Drücken Sie sich verständlich, präzise und ansprechend aus
Machen Sie Ihrem Leser die Lektüre Ihrer Arbeit so angenehm wie möglich und:

▸ Sorgen Sie für einen interessanten Anfang
▸ Bevorzugen Sie einfache und übersichtliche Sätze
▸ Schreiben Sie in klaren Worten
▸ Drücken Sie sich präzise aus
▸ Präsentieren Sie die Dinge ansprechend

■ **Sorgen Sie für einen interessanten Anfang**
Wecken Sie mit der Überschrift Ihres Kapitels die Aufmerksamkeit Ihres Lesers. Bringen Sie das Thema Ihres Kapitels in einer treffenden und interessanten Überschrift auf den Punkt, auch wenn es etwas dauert, bis Sie die Formulierung für Ihre Kapitelüberschrift gefunden haben.

Wahlweise können Sie außerdem:

▸ Ihrem Kapitel ein passendes Zitat voranstellen, z.B.:

```
                Hilfreich sei der Mensch, edel und gut
                                           Goethe 1753
        1.1. Spendenaufkommen von 1990 - 1999
```

▸ Ihr Kapitel (oder mehrere Kapitel, die unter einer gemeinsamen Leitüberschrift stehen) mit einer separaten Vorbemerkung (abstrakt) einleiten. Beschreiben Sie kurz, worum es im Folgenden geht (wie in diesem Buch unter „Überblick"). Ihren Leser wird es freuen, denn so kann er sich nicht nur auf das Thema einstimmen, sondern auch später gezielt noch einmal nachschlagen.

Achtung: Leiten Sie Ihr Kapitel (oder Oberkapitel) mit einem Zitat oder einer separaten Vorbemerkung ein, müssen Sie dies durchgängig bei allen Kapiteln (oder Oberkapiteln) tun.

■ **Bevorzugen Sie klare und übersichtliche Sätze**
Schreiben Sie in überschaubaren, geradlinigen Sätzen. Auch wenn es verlockend ist, in einen Satz so viele Informationen wie möglich einzuschieben: Muten Sie Ihrem Leser keine Schachtelsätze über mehrere Zeilen zu, an deren Ende er nicht mehr weiß, was er am Anfang eigentlich gelesen hat.

■ **Schreiben Sie in klaren Worten**
▸ Verzichten Sie außerdem auf überflüssige Fach- und Fremdwörter, Ihr Kapitel wird dadurch nicht anspruchsvoller – höchstens schwerfälliger.

> Formulieren Sie positive Aussagen anstelle von Negationen. („Ein spezielles Risikomanagement ist nun gesetzlich vorgeschrieben." statt „Ein spezielles Risikomanagement ist durch die gesetzliche Regelung nun nicht mehr zu umgehen.")

> Vermeiden Sie überflüssige Füllwörter. („Der Verfasser behauptet also in der Tat, dass...")

> Bevorzugen Sie Formulierungen, in denen der Handelnde deutlich wird. („Der Mieterbund fordert..." statt „Es wird gefordert...")

> Vermeiden Sie unnötige Nominalisierungen („Verhauptwörterung"), z.B.: („Die Vorwegnahme" anstelle von „er nimmt vorweg")

- **Drücken Sie sich präzise aus**
  Sorgen Sie für sprachliche Genauigkeit, schließlich schreiben Sie eine Diplomarbeit und kein lyrisches Werk. Bringen Sie die Dinge exakt auf den Punkt, lassen Sie möglichst keine Fragen offen (also z.B. nicht „Man war früher eher positiv eingestellt", denn hier fragt sich der Leser: Wer? Wann? Was heißt „eher positiv"?). Definieren Sie die Schlüsselbegriffe Ihrer Arbeit. Denn womöglich bedeutet z.B. „Intelligenz" für Ihren Leser etwas ganz anderes als für Sie. Sinnvoll sind in diesem Zusammenhang Fachlexika und etymologische (wortgeschichtliche) Wörterbücher.

- **Präsentieren Sie die Dinge ansprechend**
  Bemühen Sie sich um abwechslungsreiche Formulierungen. Vermeiden Sie wörtliche Wiederholungen sowie immer gleiche Ausdrücke und Wendungen. Hilfreich hierbei: Ein Lexikon der Synonyme oder ein entsprechendes Computerprogramm, z.B. die über Rechts-Klick auf ein beliebiges Wort

aufrufbare Synonyme-Funktion von MS-Word bzw. die entsprechende Funktion Ihrer Textverarbeitung. Beschreiben Sie abstrakte Sachverhalte, verdeutlichen Sie das Ganze, wenn möglich, durch konkrete anschauliche Beispiele. Sehr sparsam dosiert und thematisch passend können Sie auch gelegentlich witzige, ironische oder persönliche Bemerkungen einstreuen. Erörtern Sie z.B. den Imageschaden, den ein schlechter Kundendienst anrichtet, können Sie z.B. Ihre persönlichen leidvollen Erfahrungen mit dem Kundenservice der Firma xy in einem Satz unterbringen, solange Ihre Ausführungen insgesamt strikt sachlich und wissenschaftlich abgesichert sind. Wo es passt, können Sie Ihren Text zudem durch rhetorische Fragen auflockern, z.B.: „Wie ist das zu realisieren?..." Sorgen Sie außerdem für Abwechslung durch grafische Darstellungen in Form von Tabellen, Diagrammen, Zeichnungen, Abbildungen, Fotos etc. Durch eine grafische Darstellung können Sie Ihren Text entweder zusätzlich verdeutlichen oder ganz ersetzen. Entscheiden Sie selbst, wann es Ihnen sinnvoll erscheint, Ihren Text z.B. durch ein Foto zusätzlich zu veranschaulichen und wann z.B. eine Tabelle weitere Erklärungen überflüssig macht. Eine andere Alternative zum Fließtext sind stichwortartige Aufzählungen. Überlegen Sie, welche Gedanken Sie in dieser Form präsentieren könnten.

Verdeutlichen Sie Ihren Textaufbau sprachlich und optisch
Helfen Sie Ihrem Leser, Ihren Gedanken zu folgen und verdeutlichen Sie Ihren Textaufbau:

▶ Bieten Sie sprachliche Wegweiser in Form von einleitenden, überleitenden und abschließenden Bemerkungen

▶ Machen Sie Gedanken- und Themenwechsel optisch durch Absätze und Abschnitte klar

■ **Bieten Sie sprachliche Wegweiser in Form von einleitenden, überleitenden und abschließenden Bemerkungen**
Beginnen Sie Ihr Kapitel mit einer einleitenden Bemerkung,
indem Sie z.B.

▸ vom vorherigen Kapitel zu diesem Kapitel überleiten
(„Nachdem im vorigen Kapitel die Bedeutung des
Romans „Der Würger von London" für Edgar Wal-
lace diskutiert wurde, möchte ich nun...").

▸ einen Zusammenhang zum Gesamtthema Ihrer Arbeit herstellen („In diesem Kapitel soll anhand des „Wür-
gers von London" exemplarisch aufgezeigt werden,
wie sich die Gattung...").

▸ das Thema Ihres Kapitels in Form einer These vorstellen
(„Mit dem Erfolg des Romans veränderte sich das
Leben von Wallace schlagartig...").

Machen Sie außerdem innerhalb Ihres Kapitels durch überleitende Bemerkungen deutlich, in welcher Beziehung Ihre
Gedanken zueinander stehen.

Überleitende Formulierungen

bestätigend / bekräftigend: ebenfalls, ebenso, gleichfalls,
das bestätigt, bekräftigt, dem schließt sich auch x an

ergänzend: darüber hinaus, ergänzend dazu, dem fügt x
hinzu, dies wird abgerundet, vervollständigt, erweitert

gegenteilig / gegensätzlich: im Gegensatz dazu, im Gegenteil, im Kontrast dazu, einerseits - andererseits, widerspricht,
widerlegt

Und schließlich: Beenden Sie Ihr Kapitel mit einer abschließenden Bemerkung, indem Sie z.B.

▸ ein kurzes Resümee ziehen („Dem neuen Investitionsgesetz stehen also etliche Hindernisse entgegen... ")

▸ von diesem Kapitel auf das nächste Kapitel überleiten („Die Erfolgschance ist, wie dargelegt, statistisch gesehen gering. Ob deswegen das Projekt tatsächlich sinnlos ist, soll im nächsten Kapitel diskutiert werden.")

▸ die Ergebnisse dieses Kapitels in Zusammenhang zum Gesamtthema Ihrer Arbeit stellen („Um ein entsprechendes Projekt zu planen, wie es Ziel dieser Arbeit ist, müssen dementsprechend...")

■ **Machen Sie Gedanken- und Themenwechsel auch optisch durch Absätze und Abschnitte deutlich**
Sie kennen das selbst: Monumentaltexte ohne jeglichen Absatz zu lesen ist eine mühselige Angelegenheit. Machen Sie deshalb Gedankenwechsel und Themenwechsel innerhalb Ihres Kapitels nicht nur sprachlich, sondern auch äußerlich deutlich. Das Prinzip dabei ist denkbar einfach: Schneiden Sie innerhalb Ihres Kapitels einen neuen Gedankengang an, machen Sie einen einfachen Absatz. Wechseln Sie dagegen nicht nur den Gedankengang, sondern das Thema, fügen Sie einen mehrzeiligen Absatz (Abschnitt) ein. Zusätzlich können Sie eine Zwischenüberschrift einsetzen.

Bemühen Sie sich um eine dem Leser und der Sache angemessene Kürze

Formulieren Sie die Kapitel Ihrer Diplomarbeit, stehen Sie vor dem Problem, für Ihren Text die optimale Länge zu finden. Denn schließlich wollen Sie Ihren Leser weder durch langatmige, weitschweifige Ausführungen langweilen, noch durch fehlende Informationen überfordern. Zudem haben Sie durch Ihre Gliederung wahrscheinlich schon festgelegt, wie viele Seiten Ihr jeweiliges Kapitel umfassen sollte.

Um die angemessene Kürze bzw. Länge für Ihr Kapitel zu finden, machen Sie sich klar: Was sorgt für Ausführlichkeit, was für Prägnanz?

Ein Text ist ausführlich durch:	Ein Text ist prägnant durch:
▸ detaillierte Betrachtung, ausführliche Erklärungen, Wiederholungen, Beispiele	▸ kurze Darstellung, Reduktion auf das unbedingt Notwendige
▸ zusätzliche Bemerkungen, um einen Gedankengang einzuleiten bzw. abzuschließen	▸ keine besonderen einleitenden oder abschließenden Bemerkungen
▸ den Text ergänzende, zusätzliche grafische Darstellungen (Tabellen, Zeichnungen etc.) oder Aufzählungen	▸ anstatt Text grafische Darstellungen (Tabellen etc.) oder Aufzählungen

Dann entscheiden Sie abhängig von Ihrem Leser und Ihrem Sachverhalt, was Sie kurz und was Sie ausführlich darstellen. Schätzen Sie dazu Ihren Leser und Ihren Sachverhalt ein:

▸ Über welches Vorwissen verfügt der Leser? Was interessiert ihn besonders, was weniger?

▸ Welcher Sachverhalt ist so kompliziert, dass Sie ihn ausführlich erklären müssen? Wo helfen Beispiele, das Gesagte zu verdeutlichen? Welche Sachverhalte sind so komplex, dass Sie das Wesentliche noch einmal wiederholen sollten? Und umgekehrt: Was ist auf Anhieb zu verstehen? Wo sind zusätzliche Erklärungen überflüssig?

▸ Wo macht eine Vorbemerkung, wo eine abschließende Bemerkung den Sachverhalt klarer? Schildern Sie komplizierte Sachverhalte, erleichtern Sie das Verstehen, wenn Sie vorab eine einleitende Bemerkung machen (z.B. „Nach Koping basiert die akzeptierende Drogenarbeit auf drei Gesetzen, A, B, C. A beinhaltet...“). Sie verankern das Erklärte im Gedächtnis Ihres Lesers, wenn Sie abschließend noch einmal das Wesentliche (z.B. „Gesetz A ist damit das für die Praxis bedeutsamste.“) zusammenfassen.

▸ Was lässt sich grafisch einfacher darstellen als sprachlich? Wo können Sie Text durch eine grafische Darstellung ersetzen? Und: Wo können Sie den Text durch eine zusätzliche grafische Darstellung verdeutlichen?

▸ Wann reicht eine kurze stichwortartige Aufzählung aus, um einen Sachverhalt darzustellen?

Sorgen Sie für ein übersichtliches Layout

Ein ansprechendes Äußeres macht immer viel aus, so auch bei Ihrer Arbeit. Deshalb:

▸ Gestalten Sie Ihre Kapitel klar und übersichtlich

▸ Richten Sie sich mit dem Layout nach Ihrem Leser und Ihrem Gegenstand

▸ Setzen Sie alle grafischen Mittel durchgängig einheitlich ein

Aber bevor Sie sich nun an die Details begeben, machen Sie sich schlau, was durch Ihre Prüfungsordnung bereits festgelegt ist (z.B. die Schriftgröße, Rand?). Für alles, was nicht festgelegt ist, gilt:

■ **Gestalten Sie Ihre Arbeit klar und übersichtlich**
Sorgen Sie für ein einfaches und übersichtliches Erscheinungsbild. Verwenden Sie eine gängige Schrift (z.B. Times New Roman) in einer üblichen Größe (ca. 12 Punkt) mit Standard Zeilenabstand und Rand. Heben Sie Überschriften und Absätze deutlich hervor. Grenzen Sie Kopf- und Fußzeilen klar vom Rest Ihres Textes ab (z.B. durch Trennlinien, Abstand, andere Schrift). Setzen Sie grafische Mittel der Hervorhebung (z.B. Unterstreichungen, Farbe, u.a.) ein, dann nach dem Prinzip „Weniger ist mehr". Verwenden Sie diese Mittel sparsam und gezielt.

■ **Richten Sie sich mit dem Layout nach Ihrem Leser und Ihrem Gegenstand**
Entscheiden Sie abhängig von Ihrem Leser und dem, was Sie darstellen, welche speziellen grafischen Mittel für Sie in Betracht kommen, z.B.:

‣ Kopfzeilen mit der Überschrift des jeweiligen Kapitels. Kopfzeilen verschaffen Ihrem Leser eine schnelle Orientierung innerhalb Ihrer Arbeit.

‣ Fußzeilen, entweder um Fußnoten oder um ergänzende Bemerkungen unterzubringen.

‣ besondere Schriftarten: andere Schriftsorte, Schriftgröße, kursiv, fett, unterstrichen, farbig, um z.B. Überschriften, Zitate, Beispiele u.a. vom übrigen Text abzuheben.

‣ Aufzählungszeichen, z.B. Buchstaben, Ordnungszahlen, Punkte, Striche, Sonderzeichen, um Aufzählungen deutlich zu machen.

‣ Unterstreichungen, Umrahmungen, farbiger Hintergrund, Einschübe, um zentrale Aussagen oder grafische Darstellungen (Tabellen, Bilder, Piktogramme) hervorzuheben.

‣ Tabellen, um Sachverhalte kurz und bündig darzustellen.

Kennen Sie sich mit den entsprechenden Computerprogrammen aus, können Sie natürlich zusätzlich auf alle weiteren Mittel der grafischen Gestaltung zurückgreifen, die Ihr Computer hergibt.

Grundsätzlich können Sie sich die äußere Gestaltung Ihrer Arbeit erleichtern, indem Sie in Ihrer Textverarbeitung für jedes der oben genannten Formate eine eigene Formatvorlage (also für Hauptüberschriften, untergeordnete Überschriften, Fußnoten, Aufzählungen, Tabellen etc., ggf. auch für Zitate und weitere mögliche wiederkehrende Textelemente) erstellen. Diese Formatvorlagen können Sie nachträglich oder schon während des Schreibens allen Layoutelementen zuweisen.

Dadurch beschleunigen Sie erstens die Formatierung Ihrer Arbeit und haben auch eine Garantie für deren durchgängig einheitliche Gestaltung.

Schließlich ist die Verwendung von Formatvorlagen für Überschriften auch die Voraussetzung für den Einsatz der automatischen Verzeichnisfunktionen von MS Word – um die Erstellung des Inhaltsverzeichnisses und dessen Abgleich mit Ihren Überschriften brauchen Sie sich dann später nicht mehr zu kümmern.

Noch ein Tipp: Auf den Websites einiger Hochschulen gibt es komplette Word-Dokumentvorlagen für Haus- und Examensarbeiten, die schon sämtliche Formatvorlagen enthalten. Internetadressen mit Hinweisen zum Umgang mit Formatvorlagen finden Sie im Anhang (S. 256).

■ **Setzen Sie alle grafischen Mittel durchgängig einheitlich ein**
Für welche Mittel der grafischen Hervorhebung Sie sich auch entscheiden, verwenden Sie diese Mittel einheitlich in Ihrer gesamten Arbeit. Drucken Sie z.B. im ersten Kapitel Ihre Zwischenüberschriften kursiv, sollten Sie dies auch in allen folgenden Kapiteln tun. Denn Ihr Leser merkt sich (unbewusst), dass z.B. Kursivdruck in Ihrer Arbeit eine Überschrift ankündigt. Verwenden Sie dann auf einmal Unterstreichungen für Ihre Überschriften, verwirren Sie Ihren Leser unnötig. Setzen Sie viele unterschiedliche grafische Mittel der Hervorhebung ein, machen Sie sich eine Liste als Gedächtnisstütze, was Sie wann einsetzen. Wenn Sie bereits Formatvorlagen für häufig gebrauchte Formate eingerichtet haben und diese auch konsequent benutzen, können Sie sich eine solche Liste natürlich sparen.

Das Wichtigste in Kürze

Machen Sie sich daran, Ihre Arbeit zu schreiben, gehen Sie am besten Kapitel für Kapitel in jeweils drei Schritten vor.

Legen Sie den Inhalt Ihres jeweiligen Kapitels fest

Verwenden Sie den ersten Untergliederungspunkt Ihrer Gliederung als vorläufige Überschrift für Ihr erstes Kapitel. Suchen Sie alles dazu passende Material zusammen. Stimmen Sie ggf. Ihre Überschrift und den Inhalt Ihres Kapitels noch einmal aufeinander ab.

Entwerfen Sie den Aufbau Ihres jeweiligen Kapitels

Ordnen Sie zusammengehöriges Material unter entsprechenden Stichpunkten. Bringen Sie diese Stichpunkte in eine schlüssige und nachvollziehbare Reihenfolge.

Bringen Sie Ihr jeweiliges Kapitel in Form

Stellen Sie sich zur Inspiration während des Schreibens einen fiktiven Leser vor. Vereinfachen Sie sich das Schreiben und halten Sie sich an die fünf goldenen Regeln für das Schreiben einer Diplomarbeit:

▸ **Berücksichtigen Sie die Besonderheiten wissenschaftlichen Schreibens**
Verwenden Sie – bis auf Ausnahmen – das Präsens. Geben Sie die Aussagen anderer in eigenen Formulierungen wieder. Bauen Sie Zitate sinngemäß und grammatikalisch korrekt ein. Schreiben Sie wahlweise im unpersönlichen Passiv oder in der Ich-Form.

▸ **Drücken Sie sich verständlich, präzise und ansprechend aus**
Sorgen Sie für einen interessanten Anfang. Bevorzugen Sie einfache und übersichtliche Sätze. Schreiben Sie in klaren Worten. Drücken Sie sich präzise aus. Formulieren Sie die Dinge anschaulich und abwechslungsreich. Setzen Sie ggf. auch grafische Darstellungen ein.

▸ **Gliedern Sie Ihren Textaufbau sprachlich und optisch**
Verdeutlichen Sie Ihren Textaufbau durch einleitende, überleitende und abschließende Bemerkungen. Machen Sie Gedankenwechsel und Themenwechsel durch Absätze, Abschnitte und Zwischenüberschriften klar.

▸ **Bemühen Sie sich um eine dem Leser und der Sache angemessene Kürze**
Entscheiden Sie abhängig von Ihrem Leser und Ihrem Sachverhalt: Wo sind ausführliche Erklärungen, Beispiele, Wiederholungen, zusätzliche einleitende oder abschließende Bemerkungen, ergänzende grafische Darstellungen sinnvoll? Und wo sollten Sie sich auf das Wesentliche beschränken, wo Text durch Bild ersetzen?

▸ **Sorgen Sie für ein übersichtliches Layout**
Gestalten Sie Ihre Kapitel klar und übersichtlich. Richten Sie sich mit Ihrem Layout nach Ihrem Leser und Ihrem Gegenstand. Setzen Sie alle grafischen Mittel durchgängig nach einheitlichen Prinzipien ein.

Überblick

2.3. Quellenangaben und Zitate

Das folgende Kapitel dreht sich um die Formalien Ihrer Arbeit: die Quellenangaben und Zitate. Sie erfahren:

▸ Wann Sie eine Quelle angeben müssen

▸ Wo Sie Ihre Quellenangaben platzieren

▸ Wie Sie Ihre Quellen im Text oder in Fußnoten formal einwandfrei anführen

Zur Veranschaulichung erhalten Sie eine Reihe von Beispielen. In einem Extrateil wird zusätzlich noch einmal auf besondere Quellen eingegangen.

Sie finden außerdem:

▸ Alles Wissenswerte zum Umgang mit Zitaten

2.3. Quellenangaben und Zitate

Von Ihrer Diplomarbeit erwartet Ihr Leser, dass Sie Ihr Thema nach allen Regeln der Kunst untersuchen, und das bedeutet auch, dass Sie Ihre Quellenangaben und Zitate formal einwandfrei handhaben. Beides gehört sozusagen zum Handwerkszeug Ihrer Arbeit, ohne das es nicht geht. Deshalb – auch wenn es sicher Spannenderes gibt – machen Sie sich gründlich mit folgenden Fragen vertraut:

▸ In welchen Fällen nennen Sie eine Quelle?

▸ Wo platzieren Sie Ihre Quellenangaben?

▸ In welcher Form geben Sie Ihre Quellen an?

▸ Wie verfahren Sie mit besonderen Quellen (z.B. grafischen Darstellungen)?

▸ Wie gehen Sie mit Ihren Zitaten um?

Stellen Sie sicher, dass Ihre Arbeit zumindest in formaler Hinsicht tadellos wird, haben Sie schon viel gewonnen. Im Einzelnen:

Wann müssen Sie eine Quelle angeben?

Schreiben Sie Ihre Diplomarbeit, fügen Sie Kapitel für Kapitel so unterschiedliches Material wie Thesen, Zitate, Beobachtungen und Grafiken wie Puzzlesteine zu einem neuen Ganzen zusammen. Dabei erwartet Ihr Leser, dass Sie den Ursprung, d.h. die Quelle Ihrer Puzzleteile, klar und eindeutig angeben. Schreiben Sie z.B.: „Immer höhere Lohnnebenkosten", müssen Sie deutlich machen, wie Sie zu dieser Aussage kommen. Auf wen oder was berufen Sie sich?

In Ihrer Diplomarbeit nennen Sie immer dann die dazugehörige Quelle,

▸ wenn Sie Aussagen wörtlich von anderen übernehmen, d. h. zitieren, und wenn Sie grafische Darstellungen (z.B. Tabellen) originalgetreu übernehmen;

▸ wenn Sie Aussagen anderer mit eigenen Worten sinngemäß wiedergeben und wenn Sie grafische Darstellungen anderer in abgewandelter Form verwenden (z.B. ein Diagramm in gekürzter Fassung);

▸ wenn Sie Gedanken, Thesen, Argumente aus den Aussagen anderer ableiten und wenn Sie grafische Darstellungen auf der Grundlage von Aussagen anderer erstellen (z.B. eine Zeichnung aufgrund einer Beschreibung anfertigen).

Auf eine Quellenangabe verzichten Sie dagegen:

▸ wenn Sie sich auf Aussagen anderer beziehen, die zum Allgemeinwissen oder zum fachlichen Basiswissen (z.B. bestimmte Formeln, Begriffe, Sachverhalte etc.) zählen. Was darunter fällt, ist allerdings nicht immer eindeutig. Sind Sie sich nicht sicher, halten Sie Rücksprache mit Ihrem Dozenten. Im Übrigen gilt: Besser eine Quellenangabe zu viel als eine fehlende Quellenangabe.

▸ bei Aussagen, die Sie unmittelbar danach näher erläutern („Im Folgenden wird die Natürlichkeitstheorie Müllers besprochen...") sowie bei Aussagen, die Sie unmittelbar zuvor ausführlich erörtert haben („Wie sich zeigte, steht die Theorie Müllers...").

▸ in Ihrem Schlusswort, wenn Sie Dinge besprechen, die Sie in Ihrer Arbeit bereits detailliert dargelegt haben (s. hierzu auch Kap. 3.1., S. 157f.).

Beziehen sich Ihre Aussagen auf Ihre persönlichen Gedanken und Ihre persönliche Meinung oder auf Ihre Beobachtungen und Erfahrungen, machen Sie dies unmissverständlich deutlich durch Wendungen wie:

meines Erachtens...   *meinen Beobachtungen zufolge...*
meiner Meinung nach... *nach meinen Erfahrungen...*
nach meiner Ansicht... *ich denke, dass...*

Durch Ihre Quellenangaben stellen Sie einerseits klar, dass Sie Ihre Diplomarbeit nicht frei erfinden, sondern sich auf die Aussagen bzw. Forschungsergebnisse anderer stützen. Sie untermauern Ihre Untersuchung mit Material, das Ihr geneigter Leser in Zweifelsfällen selbst überprüfen kann.

Darüber hinaus zeigen Sie durch Ihre Quellenangaben Ihren Respekt vor der geistigen Urheberschaft anderer. Denn auch Sie möchten nicht, dass jemand Ihre mühevoll erarbeiteten Resultate übernimmt, ohne auch nur Ihren Namen zu erwähnen. Haben Sie das Prinzip der Quellenangaben einmal verinnerlicht, beherrschen Sie bereits einen wichtigen Teil der Formalien Ihrer Arbeit.

Bevor Sie sich nun mit den weiteren Details befassen, noch ein Tipp zu Ihrer Arbeitsersparnis: Sie müssen zum Schluss in Ihrem Literaturverzeichnis (s. Kap. 3.2., S. 169ff.) alle Quellen, die Sie verwendet haben, angeben. Notieren Sie deshalb von Anfang an jede Quelle zusätzlich in einer separaten Liste bzw. in einem separaten Dokument. Auf der Grundlage dieser Liste können Sie dann später bequem Ihr Literaturverzeichnis erstellen und brauchen nicht Kapitel für Kapitel sämtliche Quellen einzeln herausfischen.

Ausgesprochen nützliche Hinweise über zahlreiche, oft unbekannte Möglichkeiten von MS Word bei der Verwaltung und Erstellung von Literatur und anderen Quellen finden Sie im Internet unter *http://doktorandenforum.de/tipps/word*. Sebastian Veelken, der Autor des Artikels, gibt dort auch Tipps für andere, oft erst bei der Erstellung wissenschaftlicher Arbeiten wichtige Funktionen von Word.

Wo platzieren Sie Ihre Quellenverweise?

Wie Sie von Ihrer Fachliteratur her wissen, werden die Quellen in einem wissenschaftlichen Text entweder in Klammern im Text oder in den Fußnoten genannt. In diesem Fall machen Sie durch hochgestellte Ziffern im Text auf die entsprechende Fußnote aufmerksam.

Unabhängig davon, welche Form Sie bevorzugen: Platzieren Sie Ihren Quellenverweis, d.h. Ihre Klammer oder Ihre Fußnotenziffer, unmittelbar hinter der Aussage, die Sie damit belegen möchten. Dasselbe gilt, wenn Sie innerhalb eines Satzes verschiedene Quellen anführen: Sie verweisen direkt nach der dazugehörigen (Teil)aussage auf die Quelle, z.B.: „Johnson betont dies immer wieder (Quellenverweis) und widerspricht damit den Ergebnissen Marnes (Quellenverweis)."

Bezieht sich Ihre Quelle auf einen einzelnen Begriff, nennen Sie die Quelle / Fußnotenziffer ebenfalls unmittelbar hinter dem Begriff, zusätzlich können Sie den Begriff noch in Anführungszeichen setzen, z.B.: Das „Sommerabkommen" (Quellenverweis) stand im Einklang... Wenn Sie mit Fußnoten arbeiten, gestalten Sie diese Stelle so: Das „Sommerabkommen"[2] stand im Einklang...

Grafische Darstellungen belegen Sie am besten in einer Unterschrift mit der dazugehörigen Quelle. Alternativ können Sie in einer Überschrift oder im Begleittext der Grafik auf die entsprechende Quelle verweisen. Hauptsache, Ihr Leser kann nachvollziehen, wie Sie zu dieser Grafik gekommen sind.

Ausnahmen:
Beziehen Sie sich über ganze Seiten auf ein und dieselbe Quelle, können Sie dies zu Beginn Ihrer Ausführungen angeben, z.B.: „Nach Rogerio (Quellenverweis: Die folgenden Ausführungen beziehen sich auf Rogerio...) spricht eine ganze Reihe von Argumenten für..."

Dabei muss Ihre Quellenangabe nachvollziehbar bleiben. Sie können also z.B. nicht schreiben: Diese Darlegungen beruhen auf K. Marx „Das Kapital, S. 1-500", sondern müssen eine präzise und überschaubare Angabe machen.

Bei indirekter wörtlicher Rede und Zitaten mit namentlicher Erwähnung des Verfassers können Sie Ihre Quellenangabe auch direkt hinter den Namen setzen, statt an das Ende des Zitats, z.B.: Nach Janek (Quellenverweis) ist eine Kontrolle unvermeidlich. Demgegenüber behauptet Maier (Quellenverweis): „Auch ohne Kontrollen..."

Achten Sie hierbei unbedingt darauf, dass Sie alle Zitate in Ihrer Arbeit einheitlich belegen und Ihren Quellenverweis nicht einmal unmittelbar hinter dem Namen und einmal ans Ende des Zitats setzen.

In welcher Form geben Sie Ihre Quellen an?

Bevor Sie sich nun mit den Feinheiten beschäftigen, klären Sie, ob Ihre Prüfungsvorschriften oder Ihr Dozent Ihnen die Form Ihrer Quellenangaben vorgeben. Klären Sie außerdem, ob in Ihrem Fachbereich eine bestimmte Form üblich ist.

Haben Sie die freie Auswahl, wägen Sie ab: Quellenangaben im Text haben den Vorteil, dass Ihr Leser auf einen Blick die wichtigsten Hintergrundinformationen erhält. Sie haben den Nachteil, dass der Lesefluss immer wieder von Klammern unterbrochen wird. Führen Sie Ihre Quellen dagegen in den Fußnoten an, muss der an den Quellenangaben interessierte Leser ständig zwischen Text und Fußzeile hin- und herspringen. Dafür liest sich der Text selbst insgesamt flüssiger.

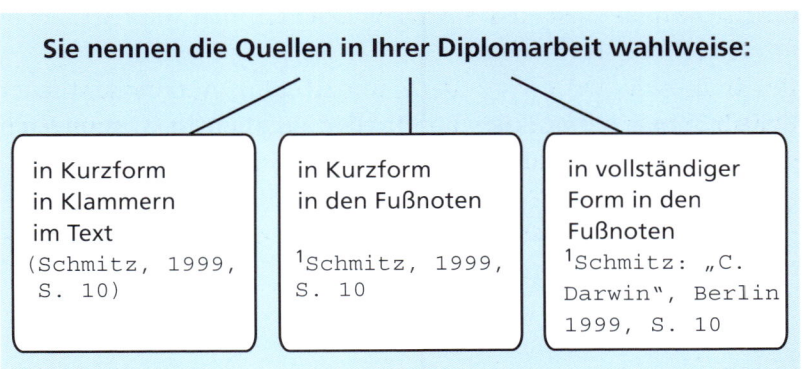

Sie nennen die Quellen in Ihrer Diplomarbeit wahlweise:

in Kurzform in Klammern im Text `(Schmitz, 1999, S. 10)`	in Kurzform in den Fußnoten [1]`Schmitz, 1999, S. 10`	in vollständiger Form in den Fußnoten [1]`Schmitz: „C. Darwin", Berlin 1999, S. 10`

Am besten entscheiden Sie sich für die Form, die Sie selbst bei Ihrer Fachlektüre am angenehmsten finden. In den folgenden beiden Abschnitten werden die drei im Kasten genannten Systeme detailliert beschrieben.

Quellenangaben in Kurzform im Text oder in den Fußnoten
Wollen Sie Ihre Quellen in Ihrer Arbeit in verkürzter Form anführen, nennen Sie Ihre Quellen entweder in Klammern im Text (Harvard Notation oder amerikanische Zitierweise) oder in Fußnoten. Sie verweisen dann im Text durch hochgestellte Ziffern auf die entsprechende Fußnote.

Ihre Fußnoten nummerieren Sie wahlweise pro Kapitel, pro Oberkapitel oder fortlaufend durch Ihre Arbeit. Nummerieren Sie Ihre Fußnoten fortlaufend, stellen Sie sicher, dass nicht computertechnisch alles zusammenbricht, wenn Sie am Ende von Ihren 235 Fußnoten doch noch zwei streichen wollen.

Bei Bedarf kombinieren Sie Quellenangaben im Text mit Fußnoten. Sie verweisen dann grundsätzlich im Text auf Ihre Quellen. Zusätzlich nutzen Sie Fußnoten für Erklärungen, Definitionen o. Ä., die den Lesefluss stören würden, Ihnen aber trotzdem unverzichtbar erscheinen.

Sie nennen bei verkürzten Quellenangaben in Klammern oder in Fußnoten immer:

› Name des Verfassers
› Erscheinungsjahr
› Seite bzw. Seiten, auf die Sie sich beziehen.

Beispiel: (Maier, 1991, S. 10)

■ **Name des Verfassers**

▸ Ist der Name des Verfassers unbekannt, schreiben Sie „o. V." (für „ohne Verfasser"). Auf den Zusatz „o. V." verzichten Sie bei Gesetzestexten und anderen Werken, bei denen auch in der Fachliteratur immer der Titel anstelle eines Verfassers genannt wird („Kartellrecht"...).

▸ Ab drei Verfassern können Sie nur noch den ersten Verfasser anführen, für die übrigen schreiben Sie „u.a." oder – in vornehmem Latein – „et al." (für „et alii").

▸ Akademische Titel und sonstige dem Vor- und Zunamen vorangestellte Titel nennen Sie in Quellenangaben nicht. Ausnahme: Der Titel ist für das Verständnis Ihrer Quelle wichtig (z.B. Müller, Pressesprecher Telekom AG). Adelstitel, die dem Namen nicht vorangestellt, sondern fester Bestandteil des Namens sind (wie Marion Gräfin Dönhoff), behandeln Sie als Namenszusatz wie „von".

▸ Namenszusätze (z.B. „de", „van", „von") führen Sie (abgekürzt oder ausgeschrieben) entweder vor oder nach dem Zunamen an.

▸ Bei mündlichen Auskünften nennen Sie als Verfasser denjenigen, der die Aussage geäußert hat.

▸ Berufen Sie sich in Ihrer Arbeit auf mehrere verschiedene Quellen mit unbekanntem Verfasser (o. V.), unterscheiden Sie Ihre „o. V.'s" am eindeutigsten durch zusätzliche Kurztitel.

■ **Erscheinungsjahr**

▸ Ist das Erscheinungsjahr unbekannt, schreiben Sie „o. J." (für „ohne Jahresangabe").

▸ Ist der Erscheinungsmonat (z.B. bei Zeitschriften) oder das genaue Erscheinungsdatum (z.B. bei Tageszeitungen) relevant, geben Sie den Monat bzw. das Datum zusätzlich mit an. Bei mündlichen, per Fax oder E-Mail erhaltenen Auskünften sowie bei Internetinformationen nennen Sie immer das genaue Datum. Dabei nennen Sie bei Internetquellen, sofern nachvollziehbar, das Datum der Erstellung und in jedem Fall das Datum des Ausdrucks.

▸ Führen Sie in Ihrer Arbeit von einem Verfasser mehrere Quellen aus einem Jahr an, unterscheiden Sie die Quellen entweder durch genauere Datumsangaben (Erscheinungsmonat/Tag), durch Kurztitel oder durch Aufzählungszeichen (a, b, c / 1, 2, 3), z.B.: „(Franke (a), 1987, S. 23-27)"

■ **Seite bzw. Seiten, auf die Sie sich beziehen**

▸ Ist die Seitenzahl nicht bekannt, schreiben Sie „o. S." (für „ohne Seitenzählung"). Dieser Zusatz entfällt bei Internetquellen, da es hier zur Zeit keine einheitliche Form der Seitenzählung gibt. Falls sinnvoll (z.B. bei Broschüren), zählen Sie die Seiten selbst durch, bevor Ihr Leser stets die ganze Quelle durchforsten muss, um die entsprechende Stelle zu finden.

▸ Ist die Seitenzahl in römischen Ziffern oder alphabetisch angegeben, übernehmen Sie diese Zählweise.

▸ Beziehen Sie sich auf mehrere aufeinander folgende Seiten, geben Sie die Seiten genau an (z.B. S. 18-20).

Wahlweise können Sie außerdem bei verkürzten Quellen-angaben nennen:

▸ Vornamen
▸ Kurztitel der Quelle
▸ „zit. n."
▸ „f." bzw. „ff." anstelle konkreter Seitenangaben

■ **Vornamen**
Vornamen stellen Sie, abgekürzt oder ausgeschrieben, dem Zunamen entweder voran oder nach, immer aber einheitlich.

■ **Kurztitel der Quelle**
Den Kurztitel Ihrer Quelle bilden Sie entweder aus den ersten Worten des vollen Titels oder aus Schlagwörtern des vollen Titels. In Ausnahmefällen kann es außerdem sinnvoll sein, wenn Sie zusätzlich die Textsorte nennen: (Gans, „Bedie-nungsanleitung Schlagbohrer xJ" o. J., S. 2).

■ **zit. n.**
Durch die Abkürzung „zit. n." (für „zitiert nach") zu Beginn der Quellenangabe heben Sie Zitate noch einmal besonders hervor.

■ **f. bzw. ff. anstelle konkreter Seitenangaben**
Beziehen Sie sich mit einer Aussage auf zwei aufeinander fol-gende Seiten, können Sie statt z.B. „S. 3-4" auch „S. 3f." (für „folgende") angeben. Beziehen Sie sich auf mehrere aufeinan-der folgende Seiten, können Sie anstelle von z.B. „S. 3-6" auch „S. 3ff." (für „fortfolgende") schreiben.

■ **Erscheinungsbild Ihrer Quellenangaben**
Bleibt noch zu klären: In welcher Reihenfolge nennen Sie die einzelnen Informationen zu Ihrer Quelle, welche Satzzeichen und welches Druckbild verwenden Sie?

Sie nennen an erster Stelle immer den Namen des Verfassers Ihrer Quelle (ausgenommen, Sie beginnen mit „zit. n."). Die Reihenfolge der übrigen Informationen bleibt Ihnen überlassen. Ebenso können Sie die Satzzeichen (Kommata, Semikola, Punkte und Doppelpunkte) so einsetzen, wie es Ihnen zweckmäßig scheint. Wahlweise können Sie Ihre Quellenangaben auch durch eine besondere Schriftart (z.B. kursiv) ganz oder teilweise hervorheben. Sie haben also die Auswahl zwischen z.B. folgenden Variationen:

```
(J. Schmitt, 1996, S. 11)
(Jochen Schmitt; 1996; S. 11),
(Schmitt; Seite 11, 1996)
(Schmitt: 20. Jh., S. 11; 1996)
(Schmitt: „20. Jh"; S. 11, 1999)
```

Ihre Fußnoten sollten Sie außerdem deutlich vom übrigen Text durch Trennstriche, mehrzeiligen Absatz oder eine andere Schrift (Größe / Art) abgrenzen.

Wie auch immer Sie Ihre Quellen anführen: Gestalten Sie alle Quellenangaben in Ihrer Arbeit einheitlich. Achten Sie darauf, dass Sie auch die Details, wie z.B. die Satzzeichen, durchgängig gleich handhaben.

So weit zu den verkürzten Quellenangaben. Das hier Gesagte gilt im Prinzip für gängige Quellen, wie z.B. Bücher, genauso wie für „exotischere" Fälle. Diese finden Sie im Extrateil dieses Kapitels unter „Besondere Quellenangaben im Text / in den Fußnoten" auf Seite 137 noch einmal ausführlich besprochen.

Vollständige Quellenangaben in Fußnoten

Wollen Sie Ihre Quellen in Ihrer Arbeit vollständig mit allen dazugehörigen Informationen (d.h. als Vollbeleg) angeben, präsentieren Sie Ihre Quellenangaben in Fußnoten. Im Text verweisen Sie durch hochgestellte Ziffern auf die entsprechende Fußnote. Dabei nummerieren Sie Ihre Fußnoten entweder fortlaufend durch die ganze Arbeit oder jeweils pro Kapitel bzw. Unterkapitel.

Grundsätzlich können Sie bei diesem System wahlweise
▸ alle Quellen immer in vollständiger Form angeben, oder
▸ jede Quelle nur bei erstmaliger Erwähnung in ausführlicher Form als Vollbeleg anführen.

Danach nennen Sie Ihre Quelle in Kurzform und verweisen auf die Fußnotennummer, unter der sie als Vollbeleg zu finden ist. Zum Beispiel:

[1] Jürgen Maier „Formalitäten" Berlin 1994, S. 67
[2] Maier, 1994, s. Anm. 1, S. 34-38

Wollen Sie es spannend machen, verweisen Sie mit der Abkürzung a. a. O. (für „am angegebenen Ort") auf den entsprechenden Vollbeleg. Der interessierte Leser hat dann die schöne Aufgabe, diesen anderen Ort zu suchen. Dieses System empfiehlt sich wirklich nur, wenn Prüfungsamt oder Dozent darauf beharren.

Bei Büchern finden Sie alle wichtigen Informationen meist vorne unter „CIP Einheitsaufnahme der Deutschen Bibliothek", bei Zeitschriften, Zeitungen, aber auch bei vielen Flugblättern, Prospekten etc. unter „Impressum".

Bei vollständigen Quellenangaben in Fußnoten nennen Sie immer:

‣ Vor- und Zunamen des Verfassers
‣ Vollständigen Titel
‣ Seite, bzw. Seiten, auf die Sie sich beziehen
‣ Erscheinungsjahr
‣ Erscheinungsort

Beispiel:[3] S. Simmering: „Koedukation", Basel 1998, S. 28-32

■ **Vor- und Zuname des Verfassers**

‣ Ist der Verfasser nicht bekannt, geben Sie „o. V."(für „ohne Verfasser") an (ausgenommen Gesetzestexte und andere Werke, bei denen der Titel den Verfasser ersetzt. Hier lassen Sie das „o. V." weg: „Bürgerliches Gesetzbuch".).

‣ Hat eine Quelle mehr als zwei Verfasser, brauchen Sie lediglich den ersten Verfasser mit Namen nennen, für die übrigen schreiben Sie „u.a." oder „et al." (für „et alii").

‣ Den Vornamen können Sie abkürzen und wahlweise dem Zunamen vor- oder nachstellen. Namenszusätze, wie „von", „van der" u.a., führen Sie – abgekürzt oder ausgeschrieben – vor oder hinter dem Zunamen an.

‣ Akademische Titel oder andere dem Vor- und Zunamen vorangestellte Titel lassen Sie weg, es sei denn, sie sind für das Verständnis der Quelle wesentlich (z.B.[5] O. Dietrich (alias Dr. Holz)...). Adelstitel, die dem Namen nicht vorangestellt sind, sondern einen festen Bestandteil des Namens bilden (wie Otto Graf Lambsdorff) behandeln Sie als Namenszusatz wie „von".

‣ Bei mündlichen Quellen nennen Sie denjenigen, der die Aussage gemacht hat, als Verfasser.

■ **Vollständiger Titel der Quelle**

‣ Sie nennen den Titel Ihrer Quelle im vollständigen Wortlaut. Falls vorhanden, geben Sie auch Untertitel, Zusatztitel sowie Bandzählungen mit an.

‣ Bei Quellen ohne Titel (z.B. mündlichen Quellen) geben Sie die Art der Quelle anstelle eines Titels an (z.B. [6] H. Schmidt, Interview, in „Menschen + Medien", WDR 2 am 2.9.1999). Außerdem können Sie bei solchen Quellen selbst einen Kurztitel bilden. Dabei orientieren Sie sich entweder thematisch ([7] H. Braun „Fax zum Bebauungsplan Unterfeld 2010"...) oder an den ersten Worten der Quelle (o. V. „An die Wähler des Seniorenbeirats"...).

■ **Erscheinungsjahr**

‣ Ist das Erscheinungsjahr unbekannt, geben Sie „o. J." (für „ohne Jahresangabe") an.

‣ Ist ein genaueres Erscheinungsdatum notwendig, um eine Quelle ausfindig zu machen (z.B. bei Zeitschriften), führen Sie außerdem den Erscheinungsmonat und ggf. den Erscheinungstag an.

‣ Bei mündlichen, per Fax oder E-Mail erhaltenen Auskünften und bei Informationen aus dem Internet nennen Sie in jedem Fall das exakte Datum. Bei Internetinformationen nennen Sie, soweit bekannt, das Datum der Erstellung des Dokuments sowie das Datum des Zugriffs bzw. Ausdrucks.

■ Erscheinungsort

▸ Falls der Erscheinungsort unbekannt ist, schreiben Sie „o. O." (für „ohne Ortsangabe").

▸ Hat Ihre Quelle mehr als zwei Erscheinungsorte, reicht es, wenn Sie nur den Ort, der in Ihrer Quelle an erster Stelle aufgeführt wird, nennen.

▸ Bei Quellen im Internet führen Sie außerdem den genauen Fundort an, z.B.:
[3] H. Müller, „Edutainment" 1999, http://www.as.tu. aachen.de/h.Mueller/Lernen.htm (Stand 15.09.2005)
Um die Überprüfbarkeit der angegebenen Quelle zu ermöglichen, legen Sie eine Diskette oder CD-ROM, die alle zitierten Internetquellen als Kopie enthält, bei.

■ Seite bzw. Seiten, auf die Sie sich beziehen

▸ Fehlt die Seitenzählung, geben Sie „o. S." (für „ohne Seitenzählung") an. (Bei Informationen aus dem Internet entfällt dieser Hinweis, da es zur Zeit keinen Seitenstandard gibt.)

▸ Zählen Sie die Seiten bei Bedarf (z.B. bei Prospekten, Briefen) selbst durch. Römische oder alphabetische Zählweisen übernehmen Sie.

▸ Verweisen Sie auf zwei aufeinander folgende Seiten, nennen Sie entweder die Seitenzahlen, z.B. „S. 101-109" oder „S. 101f." (für „folgende"). Beziehen Sie sich auf mehrere aufeinander folgende Seiten, können Sie die Seiten so: „S. 9-14" oder so: „S. 9ff." (für „fortfolgende") angeben.

Zusätzlich nennen Sie alle Hintergrundinformationen, die nötig sind, um die Quelle ausfindig zu machen, bei:

▸ nicht selbstständig erschienenen Quellen
  (z.B. Aufsatz, Artikel)

▸ unveröffentlichten Quellen
  (z.B. firmeninternes Rundschreiben)

▸ schwer zugänglichen Quellen
  (z.B. Internetquellen, Werbezettel)

▸ mündlichen Quellen
  (z.B. Telefonat, Rede)

  Beispiel:[4] A. Miller: „Controlling", S. 12; in B. Henderson (Hrsg.): „Handbuch Wirtschaft" Berlin, New York 2006

■ **Nicht selbstständig erschienene Quellen**
Bei nicht selbstständig erschienenen Quellen geben Sie i. d. R. zusätzlich an: Herausgeber, vollständigen Titel, Erscheinungsort und -jahr des Werks, in der Ihre Quelle enthalten ist. Falls vorhanden, zudem Bandnummern und Jahrgangsangaben, z.B.:
[8] Walther Louis; „Symbol"; S. 211, in Kristin Scott (Hrsg.): „Wörterbuch Literaturwissenschaft", Band 2 München 1998;

■ **Schwer zugängliche und unveröffentlichte Quellen**
Nicht so ohne weiteres überprüfbare Quellen wie z.B. Internetquellen, Quellen auf CD-ROM, Beipackzettel, behördeninterne Unterlagen oder Auskünfte per Brief, Fax, E-Mail, beschreiben Sie so genau wie möglich, z.B.:

[9] o. V. „Brandschutzmaßnahmen", Flugblatt an alle Mieter des Bürokomplexes „Rheinstern" o. S., Hrsg. Immobilien Fischer, Berliner Ring 32, 42598 Duisburg; 1996
[10] Angaben nach de Feauteil, Pressesprecher Krohn AG, (per Fax an den Verfasser dieser Arbeit) 3.6.1998
[11] ISIS Multimedia „Willkommen im Internet" CD-ROM, Hrsg. ISIS Multimedia Net GmbH Düsseldorf 1998

■ **Mündliche Quellen**
Beziehen Sie sich auf mündlich erhaltene Informationen, nennen Sie – soweit es Ihnen sinnvoll erscheint – die Funktion und Adresse Ihres Gesprächspartners sowie die Form der Auskunft (Telefonat, Rede, Interview etc.), z.B.:
[11] Nach telefonischer Auskunft des Jugendamtes Köln, Dezernat V, Frau Holle, Köln, 23.9.1998

Wahlweise können Sie Ihre vollständigen Quellenangaben in den Fußnoten außerdem durch erläuternde Zusätze zu Beginn der Quellenangabe ergänzen:

▸ „zit. n." (für „zitiert nach"), um ein Zitat hervorzuheben

▸ „s." (für siehe) oder „siehe hierzu", um zu verdeutlichen, dass Sie sich sinngemäß auf eine Quelle beziehen

▸ „vgl." (für „vergleiche"), um zu betonen, dass Sie einen Gedanken ableiten

▸ „ebd." (für ebenda / ebendieser), anstelle der vollen Angabe der Quelle, wenn Sie in der unmittelbar vorangegangenen Fußnote auf dieselbe Quelle verweisen, z.B.:

```
¹³ A. Jerome: „Outsourcing" Berlin ; 1998; S. 10
¹⁴ ebd. S. 23f.
¹⁵ zit. n. ebd. S. 21
```

Auch hier gilt: Versehen Sie alle Quellenangaben in Ihrer Arbeit einheitlich mit zusätzlichen Erläuterungen. Heben Sie einmal ein Zitat durch ein „zit. n." in der Fußnote hervor, müssen Sie auch bei allen weiteren Zitaten auf diese Weise verfahren.

Reihenfolge der Angaben und Layout der Fußnoten
In Ihren Quellenangaben in den Fußnoten präsentieren Sie nacheinander:

1. Fußnotennummer

2. falls vorhanden, erläuternder Zusatz wie „zit. n.", „vgl."

3. Name des Verfassers Ihrer Quelle

4. wahlweise:
   ▸ Titel, Erscheinungsort, Erscheinungsjahr, Seitenangabe
   ```
   ¹³⁾ P. Narvag „Wege der Philosophie" Heidelberg,
   1959, S. 67
   ```
   ▸ Erscheinungsjahr, Titel, Erscheinungsort, Seitenangabe
   ```
   ¹³⁾ P. Narvag (1959) „Wege der Philosophie" Hei-
   delberg, S. 67
   ```
   ▸ Erscheinungsjahr, Titel, Seitenangabe, Erscheinungsort
   ```
   P. Narvag (1959) „Wege der Philosophie" S. 67,
   Heidelberg
   ```

Ist Ihre Quelle nicht selbstständig erschienen, schwer zugänglich, unveröffentlicht oder mündlich, nennen Sie:

1. Fußnotenziffer

2. falls vorhanden, erläuternder Zusatz wie „zit. n.", „vgl."

3. Ihre Quelle: Verfasser, Titel, Seitenangabe

4. weitere Hintergrundinformationen zu Ihrer Quelle
   Beispiele:
   ▸ Herausgeber, Titel, Erscheinungsort, Erscheinungsjahr:

   ```
   ¹⁴ D. Bratislav „Planwirtschaft" S. 87 in B. Hun-
   ger (Hrsg.) „Lexikon der Wirtschaft" Frankfurt
   a. M. 1983
   ```

   ▸ Titel, Herausgeber, Erscheinungsort, Erscheinungsjahr:

   ```
   ¹⁴ D. Bratislav „Planwirtschaft" S. 87 in „Lexi-
   kon der Wirtschaft" (Hrsg.) B. Hunger, Frankfurt
   a. M. 1983
   ```

   ▸ Alternativ können Sie außerdem die Seitenangabe ans Ende setzen:

   ```
   ¹⁴ D. Bratislav „Planwirtschaft" in B. Hunger
   (Hrsg.) „Lexikon der Wirtschaft" Frankfurt a. M.
   1983, S. 87
   ```

Beschreiben Sie ausgefallenere Quellen, gleichen Sie die Reihenfolge Ihrer Informationen so weit wie möglich diesem Schema an. Satzzeichen und Druckbild in Ihren Fußnoten können Sie so handhaben, wie es Ihnen am übersichtlichsten erscheint. Vielleicht lassen Sie sich von der Fußnotengestaltung Ihrer bevorzugten Fachliteratur anregen.

Für welche Form Sie sich auch entscheiden: Präsentieren Sie alle Quellenangaben in Ihrer Arbeit einheitlich. Behalten Sie vor allem auch die Feinheiten, z.B., ob Sie Vornamen ausschreiben oder abkürzen, im Blick. Schreiben Sie die Vornamen mal aus, kürzen Sie sie mal ab oder lassen Sie sie mal ganz weg, wirkt das schnell unprofessionell.

Besondere Quellenangaben im Text / in den Fußnoten

■ **Eine Aussage – mehrere Quellen**
Wollen Sie eine Aussage durch mehrere Quellen belegen, füh-ren Sie die Quellen hintereinander in einer Klammer bzw. in einer Fußnote an. Dabei nennen Sie Ihre Quellen entweder in alphabetischer Reihenfolge, in der Reihenfolge Ihres Erschei-nungsdatums oder Sie nennen die für Ihre Aussage bedeut-samste Quelle an erster Stelle.

■ **Grafische Darstellungen**
Grafische Darstellungen, wie z.B. Tabellen, Zeichnungen, Fotos etc. versehen Sie

1. mit einer Über- oder Unterschrift, aus der hervorgeht, worum es sich handelt,

2. mit einer Quellenangabe (als Unterschrift, in einer Fuß-note oder im Begleittext). In Ihrer Quellenangabe geben Sie außerdem an, ob Sie die grafische Darstellung:
   ▸ originalgetreu übernehmen (Grafik entnommen aus xy);
   ▸ in abgewandelter Form übernehmen (Grafik nach xy);
   ▸ aus den Aussagen anderer ableiten (Grafik erstellt auf der Grundlage von xy).

3. für den Fall, dass Sie Ihrer Arbeit ein separates Abbildungs-verzeichnis beifügen wollen, mit einer Abbildungsnum-mer. Sie nummerieren dann alle grafischen Darstellungen fortlaufend durch (Ausführlicheres hierzu s. Kap. 3.2., S. 193f.).

■ **Internetquellen und E-Mails**

Für Quellen aus dem Internet gibt es noch keine einheitlichen Zitat-Standards. Internet-Einträge ändern sich schnell und noch gibt es kein Archiv, in dem frühere Versionen dokumentiert sind. Gehen Sie bei der Nennung in den Fußnoten auf Nummer sicher: Sprechen Sie mit Ihrem Dozenten und machen Sie sich schlau, was Ihre Prüfungsbestimmungen dazu sagen. Und: Orientieren Sie sich an anderen Arbeiten Ihres Fachbereichs.

Im Übrigen halten Sie sich an die Regel: So genau wie möglich. Nennen Sie neben den üblichen Informationen zu Verfasser, Titel und Erscheinungsjahr (falls vorhanden) den Fundort so, dass man Ihren Suchweg und das Datum des Zugriffs nachvollziehen kann. Da sich die Internet-Stände schnell ändern, macht es Sinn, die betreffenden Seiten auf einen Datenträger zu kopieren und diesen der Arbeit als Teil des Anhangs beizufügen. Wenn Sie dann noch in der Fußnote auf den beigelegten Datenträger hinweisen, sind Sie auf der sicheren Seite.

Achten Sie auf die genaue Schreibweise und trennen Sie die Angaben wegen der Missverständlichkeit des Bindestrichs möglichst nicht. Lässt sich eine Trennung nicht vermeiden, trennen Sie nur direkt vor einem „/". Eine Internetquellenangabe für den am häufigsten genutzten Dienst des Internets, das World Wide Web („www"), wird üblicherweise in Kurzform genannt:

Beispiel: [4] G. Hopfen: „Werbung im Internet" 1998, www.Internetnews.de/adv.htm (Stand 02.10.2000), siehe Dokument 2 der beigelegten Diskette

Behandeln Sie E-Mails wie andere unveröffentlichte Quellen, da sie nicht allgemein zugänglich sind. Nennen Sie also Autor und Datum und, falls Sie ganz genau sein wollen, die E-Mail-Adresse des Absenders.

Beispiel: `E-Mail von G. Knopp, Neue Abonnenten 1. Quartal 2000, 23.9.2000 (gknopp@mail.com)`

Anders verhält es sich bei E-Mails aus Mailing-Listen, sogenannten Newslettern. Diese können wie Zeitschriften abonniert werden und sollten, wenn möglich, auch ähnlich zitiert werden. Wenn erkennbar, geben Sie den Titel sowie die Absen-der-E-Mail-Adresse an. Ist die Absender-Adresse unklar, nennen Sie die www-Seite (oder auch die E-Mail-Adresse des Autors oder Herausgebers), über die der Newsletter erhältlich ist. Da meist kein Archiv für „alte" Ausgaben von Newslettern besteht, fügen Sie am besten einen Ausdruck des ganzen oder des zitierten Teils des Newsletters in den Anhang Ihrer Arbeit ein.

Beispiel: `GruenderLinX Newsletter 21/2000 v. 18.11. 2000, zu beziehen über www.gruenderlinx.de, Archiv unter www.kbx.de/cgi/lyris.pl?enter=gruenderlinx`

- **Bestandteile der eigenen Diplomarbeit als Quelle**
  Selbstverständlich können Sie auch Teile Ihrer Arbeit als Quelle angeben. In Ihrer Quellenangabe beschreiben Sie dann, wo in Ihrer Arbeit die entsprechenden Informationen zu finden sind (z.B.: `„vgl. Kapitel x, S. 5 der vorlie-genden Arbeit")`. Dabei sollten Sie allerdings mit Vorgriffen auf zukünftige Kapitel vorsichtig sein. Verwirren Sie Ihren Leser nicht unnötig durch nebulöse Anspielungen auf spätere Erklärungen.

- **Sie selbst als Quelle**
  Bringen Sie eigenständig erstelltes Material, wie z.B. Fotos, Beschreibungen o.Ä. in Ihre Arbeit ein, geben Sie sich selbst

als Quelle an (z.B. Foto: privat; Stundenprotokoll v.
Verfasser d. vorliegenden Arbeit). Wollen Sie eigene
Quellen wie z.B. eigene Berechnungen, Videoaufnahmen o.Ä.
systematisch auswerten, erkundigen Sie sich bei Ihrem Dozenten, ob und wie Sie Ihr Material im Anhang Ihrer Arbeit präsentieren müssen, um es überprüfbar zu machen (s. hierzu auch
Kap. 3.2., S. 194ff.).

■ **Second Hand Quellen**
Second Hand Quellen sind Quellen, die Sie nicht im Original
lesen, sondern bei jemand anderem abgedruckt finden, z.B.
Teile eines Aufsatzes von Freud in einem Artikel über Traum-
deutung. Für Second Hand Quellen gilt grundsätzlich: Wenn
möglich – Finger weg! Bemühen Sie sich um das Original.
Denn bei Aussagen aus zweiter Hand entsteht ganz schnell der
Stille-Post-Effekt. Falls Sie um Quellen aus zweiter Hand nicht
herumkommen, müssen Sie in Ihrer Quellenangabe sowohl die
Quelle selbst als auch denjenigen, der diese Quelle anführt,
nennen (Freud 1935, zit. n. Schneider, 1991,
S.13).

■ **Fehlende Quellen**
Sticht Ihnen etwas offensichtlich ins Auge, aber Sie finden
partout kein Material dazu, weisen Sie auf die mangelhafte
Quellenlage hin (xy kann aufgrund des heutigen For-
schungsstandes nicht beantwortet werden.). Derartige
Feststellungen sollten Sie natürlich nur treffen, wenn Sie sich
ganz sicher sind, sonst könnte es peinlich werden. Zusätzlich
können Sie in solchen Fällen auf die Quellen verweisen, in
denen nichts zu finden ist, obwohl es naheliegend wäre, z.B.:
„Weder in Handbüchern, wie Helbinger (1990), wird
dieser Aspekt erwähnt, noch..."

Wie handhaben Sie Zitate in Ihrer Diplomarbeit?

Zitate sind Aussagen anderer, die Sie originalgetreu in Ihre Arbeit übernehmen. Und das bedeutet, Sie dürfen nichts, weder die Wortwahl, noch die Satzstellung, noch die Schreibweise des Originals, verändern.

Wollen Sie eine Aussage zitieren:

▸ Berücksichtigen Sie immer auch den Hintergrund der Aussage im Original. Reißen Sie keine Äußerungen willkürlich aus dem Zusammenhang, nur weil es Ihnen gerade so gut ins Konzept passt. Zitieren Sie im Sinne des Urhebers. Und:

▸ Fügen Sie Zitate grammatikalisch einwandfrei in Ihren Text ein. Sorgen Sie für einen grammatikalisch korrekten Übergang von Ihrem Text und Zitat. In Kapitel 2.2., S. 102f. finden Sie eine Reihe von Formulierungsvorschlägen dazu.

Zitate im Text verdeutlichen Sie durch Doppelpunkt und/ oder Anführungsstriche, wahlweise zusätzlich durch:

▸ ein besonderes Druckbild (z.B. kursiv, andere Schriftart)

▸ durch Einrücken oder einen separaten Absatz

▸ „zit. n." in der Quellenangabe

Sie können die verschiedenen Arten der Hervorhebung außerdem miteinander kombinieren, indem Sie z.B. Ihre Zitate kursiv und durch einen Absatz von Ihrem restlichen Text abheben. Es steht Ihnen zudem frei, lediglich längere Zitate in einem gesonderten Absatz wiederzugeben und kürzere Zitate in Ihren Text zu integrieren.

Sonderfälle

■ **Zitate kürzen**
Bei Bedarf können Sie Zitate kürzen. Bedenken Sie jedoch dabei, dass jede Kürzung auch den Sinn verändert. Ihre Auslassung machen Sie durch drei Punkte, wahlweise in Klammern, deutlich, z.B.:

```
Fresius betont: „Churchill festigte in diesen Jah-
ren (...) seine innenpolitische Position erheb-
lich."
```

■ **Zitate mit Anmerkungen versehen**
In manchen Fällen ist es sinnvoll, wenn Sie Ihr Zitat durch eine Anmerkung ergänzen. Sie setzen Ihre Anmerkung in eckige Klammern unmittelbar hinter die Textstelle, die Sie kommentieren wollen. Durch eine Anmerkung können Sie z.B.:

▸ klarstellen, dass Sie eine bestimmte Eigentümlichkeit (z.B. Rechtschreibung, Schriftbild, Unterstreichung) vom Original übernehmen:

```
„Wir fordenn weniger Schulaufgaben bei frau
Müler".[Schreibweise im Original]
```

▸ verdeutlichen, dass Sie etwas durch ein besonderes Schriftbild (z. B. Fettdruck) hervorheben:

```
„Der Vertrag lässt keine [Hervorhebung vom Ver-
fasser dieser Arbeit] Zweifel offen."
```

▸ Missverständnissen vorbeugen:

```
„Es ist schwer zu begreifen, was ihn [Tomasson]
bewegte."
```

■ **Zitate übersetzen**
Übernehmen Sie fremdsprachige Zitate, sollten Sie sicherstellen, dass Ihr Leser diese Sprache auch ausreichend beherrscht. Bevor Sie Ihren Leser mit ellenlangen Zitaten in Altgriechisch vor den Kopf stoßen, übersetzen Sie Ihre Zitate besser. Versehen Sie Ihre Übersetzung mit „Übersetzung von mir" oder „Übersetzt vom Verfasser der vorliegenden Arbeit" o.Ä. Ihre Übersetzung präsentieren Sie – je nach Umfang – entweder unmittelbar hinter dem Zitat, in einer Fußnote oder im Anhang. Weisen Sie ggf. darauf hin, wo die Übersetzung zu finden ist.

Und last but not least: Wie auch immer Sie Ihre Zitate handhaben, gestalten Sie alle Zitate in Ihrer Arbeit durchgängig nach einem Prinzip.

Stellen Sie zudem sicher, dass Ihre Zitierweise im Einklang mit Ihrer Prüfungsordnung, den Vorstellungen Ihres Dozenten und den Standards Ihres Fachs steht.

Das Wichtigste in Kürze

Mit Ihrer Diplomarbeit sollen Sie auch unter Beweis stellen, dass Sie die Formalien, sprich Quellenangaben und Zitate, einer wissenschaftlichen Darstellung beherrschen. Also, machen Sie sich fit:

In welchen Fällen nennen Sie eine Quelle?

Von wenigen Ausnahmen abgesehen, nennen Sie immer dann eine Quelle, wenn Sie Aussagen oder grafische Darstellungen von anderen originalgetreu, sinngemäß oder abgeleitet übernehmen. Ihre persönliche Meinung und Beobachtungen machen Sie als solche deutlich.

Wo platzieren Sie Ihre Quellenverweise?

Sie verweisen in der Regel unmittelbar hinter der Aussage, die Sie belegen wollen, auf die Quelle.

In welcher Form geben Sie Ihre Quellen an?

▸ **Quellenangaben in Kurzform im Text oder in den Fußnoten.** Sie nennen Ihre Quelle in Kurzform entweder in Klammern im Text oder in Fußnoten. Auf die Fußnoten verweisen Sie durch hochgestellte Ziffern im Text. Bei verkürzten Quellenangaben nennen Sie immer: Namen des Verfassers, Erscheinungsjahr und Seite(n), auf die Sie sich beziehen. Zusätzlich können Sie den Vornamen des Verfassers, einen Kurztitel und ggf. „zit. n." angeben. Satzzeichen und Druckbild können Sie so handhaben, wie es Ihnen zweckmäßig erscheint, solange Sie alle Quellenangaben nach einheitlichem Muster gestalten.

▸ **Vollständige Quellenangaben in den Fußnoten.**
Die Fußnoten Ihrer Arbeit nummerieren Sie entweder pro
Kapitel oder fortlaufend. Bei vollständigen Quellenangaben
geben Sie stets an: Vor- und Zunamen des Verfassers; dann
den vollständigen Titel, Erscheinungsort und -jahr, Seite(n),
auf die Sie sich beziehen. Ist Ihre Quelle unselbstständig
erschienen, schwer zugänglich, unveröffentlicht oder mündlich, nennen Sie außerdem alle Hintergrundinformationen,
die notwendig sind, um diese Quelle ausfindig zu machen,
oder legen Sie die Kopie der Quelle bei. Zusätzlich können
Sie Ihre Quellenangabe durch „zit. n."; „vgl."; „siehe" erläutern. Gestalten Sie Ihre Fußnoten übersichtlich und halten
Sie sich stets an dasselbe Schema.

▸ **Besondere Quellenangaben im Text oder in den Fußnoten.**
Belegen Sie eine Aussage mit mehreren Quellen, führen
Sie die Quellen in einer Klammer bzw. Fußnote nacheinander an. Grafische Darstellungen versehen Sie mit einer
Quellenangabe und Über- oder Unterschrift. Bei Internetquellen nennen Sie zusätzlich zu den üblichen Angaben
den genauen Fundort und das Datum des Zugriffs. Legen
Sie darüber hinaus eine Kopie der Quelle als Diskette oder
CD-ROM bei. Nennen Sie Teile Ihrer Arbeit als Quelle,
geben Sie Kapitel und Seite an. Persönlich erstellte Quellen beschreiben Sie entsprechend. Second Hand Quellen
meiden Sie besser. Bei fehlenden Quellen thematisieren
Sie die schlechte Quellenlage.

Wie handhaben Sie Zitate in Ihrer Arbeit?

Zitate sind Aussagen, die Sie originalgetreu von anderen
übernehmen. Fügen Sie Zitate sinngemäß und grammatikalisch korrekt in Ihren Text ein. Sie können Ihre Zitate hervorheben durch Doppelpunkt und/oder Anführungsstriche,

zusätzlich durch ein besonderes Druckbild, einen Absatz oder „zit. n." in der Quellenangabe. Bei Bedarf können Sie Zitate kürzen, mit Anmerkungen versehen oder übersetzen. Gestalten Sie alle Zitate in Ihrer Arbeit einheitlich.

3. Das Drumherum: Was noch dazu gehört

Überblick

3.1. Einleitung und Schlusswort erstellen

In diesem Kapitel lesen Sie, wie Sie schnell und gut Einleitung und Schlusswort Ihrer Arbeit erstellen:

▸ Sie bestimmen den Inhalt: Was soll in Ihre Einleitung / Ihr Schlusswort hinein?
Dazu erhalten Sie eine Checkliste, die Ihnen hilft, die wichtigsten Punkte zu erfassen.

▸ Sie legen den Aufbau Ihrer Einleitung / Ihres Schlusswortes fest.
Es wird erklärt, wie Sie am einfachsten vorgehen und worauf Sie achten sollten.

▸ Sie schreiben Ihre Einleitung / Ihr Schlusswort.
Hierzu finden Sie eine Reihe von nützlichen Beispielformulierungen.

3.1. Einleitung und Schlusswort erstellen

Machen Sie sich daran, Ihre Einleitung und Ihr Schlusswort zu schreiben, können Sie stolz auf sich sein – der größte Berg Arbeit liegt bereits hinter Ihnen. Und doch sitzen Sie womöglich wie gelähmt hinter Ihrem Schreibtisch und finden für Ihre Diplomarbeit einfach nicht die ersten Worte. Damit geht es Ihnen nicht anders als vielen bekannten Autoren auch. Der Anfang ist häufig das Schwierigste.

Aber keine Sorge, es ist gar nicht so schwer, eine gelungene Einleitung zu schreiben. Gehen Sie systematisch vor:

1. Legen Sie zunächst den Inhalt Ihrer Einleitung fest:
   Was will ich dem Leser zu Beginn der Arbeit mitteilen?

2. Erstellen Sie eine Gliederung:
   In welcher Reihenfolge sage ich es?

3. Formulieren Sie Ihre Einleitung aus:
   Mit welchen Worten sage ich es?

Nach demselben Muster erstellen Sie dann auch Ihr Schlusswort (ab S. 157 dieses Kapitels). Aber der Reihe nach.

Eine Einleitung schreiben

Bestimmen Sie den Inhalt Ihrer Einleitung
Mit Ihrer Einleitung führen Sie Ihren Leser an Ihre Arbeit heran. Hier vermitteln Sie den berühmten ersten Eindruck, der oft darüber entscheidet, ob Ihr Leser eher wohlwollend oder eher skeptisch weiterliest.

Doch was gehört eigentlich in Ihre Einleitung hinein? Zunächst einmal erwartet Ihr Leser Aufschluss über Ihr Thema: Wie ist der Titel Ihrer Diplomarbeit zu verstehen? Was wollen Sie untersuchen? Und dann – wie sind Sie dabei vorgegangen, wie haben Sie Ihr Thema bearbeitet? Weshalb haben Sie überhaupt dieses Thema untersucht und weshalb so und nicht anders? Schließlich: Was gibt es noch zu der Arbeit zu bemerken?

Dies ist sozusagen der „Rohbau" Ihrer Einleitung.

Erfassen Sie diese Punkte anhand der folgenden Checkliste. Graben Sie dazu aus Ihren Zettelbergen bzw. Computerdateien sämtliche Notizen, die Sie je zum Thema Einleitung gemacht haben. Und: Stellen Sie sich einen Gesprächspartner vor, der die folgenden Punkte kurz und bündig erklärt haben möchte:

Checkliste: Was soll in Ihre Einleitung hinein?

▸ **Thema Ihrer Diplomarbeit**
Stellen Sie Ihr Thema Ihrem Leser vor: Worüber schreiben Sie? Falls nötig, definieren Sie wichtige Begriffe. Wie wird das Thema in der Fachliteratur betrachtet (aktueller Forschungsstand)? Was genau wollen Sie untersuchen? Mit welchen Fragen gehen Sie an Ihr Thema heran? Welches Ziel verfolgen Sie?

▸ **Ihre Vorgehensweise**
Wie gehen Sie an Ihr Thema heran? In welcher Reihenfolge zerlegen Sie Ihr Thema in welche Teilthemen? Anhand welcher Methoden untersuchen Sie Ihr Thema (z.B. Diskussion verschiedener Theorien, Beschreibung von Fallbeispielen, etc.)?

▸ **Begründung für Ihr Thema**
Haben Sie Ihr Thema frei gewählt:
Was hat Sie auf dieses Thema gebracht? (Gemeint sind Gründe wie z. B.: persönliche Erfahrungen und Interessen, Thema ist in gesellschaftspolitischer, kultureller, allgemeiner, wissenschaftlicher, fachlicher oder praktischer Hinsicht aktuell, o.Ä.).

Haben Sie Ihr Thema nicht selbst ausgesucht:
Aus welchen Gründen ist das Thema grundsätzlich interessant? Versuchen Sie, nachzuvollziehen, weshalb Ihr Dozent oder Ihr Prüfungsamt dieses Thema vorgegeben hat (z.B. Thema ist Teil eines größeren Forschungsprojektes, Thema ist wenig untersucht, hat aber Bedeutung für Ihre Fachdisziplin oder für die Praxis, etc.).

▸ **Grundsätzliches zu Ihrer Arbeit**
Was sollte Ihr Leser unbedingt vorab zum Hintergrund Ihrer Arbeit wissen? Was gibt es Wesentliches für das Verständnis zu sagen? Beispielsweise:

☐ Haben Sie bestimmte Teilaspekte Ihres Themas in Ihrer Arbeit nicht weiter verfolgt und wollen begründen weshalb? (Achten Sie darauf, dass Ihre Begründung auch wirklich stichhaltig ist, ansonsten sprechen Sie besser nur Aspekte an, die Sie auch behandeln.)

☐ Sind Sie besonders unterstützt worden? Wollen Sie sich dafür bedanken?

☐ Ist Ihre Arbeit eine Gemeinschaftsproduktion und Sie wollen klarstellen, wer für welchen Teil verantwortlich ist? (Erkundigen Sie sich, ob Sie nicht sogar dazu verpflichtet sind.)

Kommen Sie mit dieser Checkliste auf Anhieb nicht weiter, beantworten Sie die Stichpunkte zunächst für jedes Kapitel Ihrer Arbeit einzeln und fassen Sie diese Antworten dann zusammen. Haben Sie die oben stehende Einleitungs-Checkliste Punkt für Punkt abgearbeitet, sind Sie auf dem Weg zu Ihrer Einleitung schon ein gutes Stück vorwärts gekommen. Im nächsten Schritt ordnen Sie diese inhaltlichen Gesichtspunkte dann in einer schlüssigen Reihenfolge.

Erstellen Sie eine Gliederung für Ihre Einleitung
Prinzipiell bleibt es Ihnen überlassen, wie Sie Ihre Einleitung aufbauen. Sie können (wie oben in der Checkliste) die Punkte wie folgt nacheinander abhandeln:

1. Thema Ihrer Arbeit
2. Vorgehensweise
3. Begründung für Ihr Thema
4. Grundsätzliches zu Ihrer Arbeit (ggf.)

Alternativ können Sie Ihre Einleitung aber z.B. auch so gliedern:

1. Begründung für das Thema
   („Immer weniger kleine Handwerksbetriebe...")

2. Thema Ihrer Arbeit
   („...soll die Wirtschaftlichkeit traditioneller Handwerksbetriebe berechnet werden.")

3. Vorgehensweise
   („Dazu wurden repräsentativ zwei Betriebe...")

4. Grundsätzliches
   („Aus Datenschutzgründen wurden die Namen der Mitarbeiter...")

oder:

1. Thema der Arbeit
   („Die vorliegende Arbeit befasst sich mit der Sprachtherapie nach...")

2. Begründung für das Thema
   („...konnte während eines Praktikums Einblick gewinnen in die Logopädenpraxis...")

3. Grundsätzliches
   („Schwerpunkt liegt auf der Arbeit mit Schlaganfallpatienten über 60 Jahren, da...")

4. Vorgehensweise
   („Arbeit besteht aus theoretischem und praktischem Teil...")

Probieren Sie verschiedene Reihenfolgen durch, bis Sie die Gliederung gefunden haben, die Ihnen am schlüssigsten erscheint. Berücksichtigen Sie hierbei:

▸ Ihren Leser
  Beginnen Sie Ihre Einleitung mit einem Aufhänger, der die Neugierde Ihres Lesers weckt. Welcher Punkt interessiert Ihren Leser wahrscheinlich am meisten?

▸ Die logische Verbindung der einzelnen Punkte untereinander
  Ordnen Sie die einzelnen Punkte entsprechend Ihrer inhaltlichen Zusammengehörigkeit an.

Ergibt sich z.B. aus der Begründung Ihres Themas Ihre Vorgehensweise, bringen Sie diese beiden Punkte unmittelbar nacheinander.

Formulieren Sie Ihre Einleitung aus
Soweit Ihre Prüfungsordnung oder Ihr Dozent nichts anderes verlangen, übertiteln Sie Ihre Einleitung mit der Überschrift „Einleitung". („Vorwort", „Einführung", „Abstract" o.Ä. sind bei Diplomarbeiten meistens weniger zutreffend.)

Falls Sie ein Zitat haben, das Ihnen für den Einstieg in Ihr Thema passend erscheint, z.B. eine Gedichtzeile, einen Aphorismus, den Originalton von betroffenen Personen o.Ä., setzen Sie dieses Zitat unter die Überschrift „Einleitung" vor den eigentlichen Text. Auf diese Weise führen Sie Ihren Leser elegant an Ihr Thema heran, z.B.:

Einleitung

Einkaufen macht schon Spaß und das Geld ist auch da
- wenn es nur nicht so beschwerlich wäre.
                                    (Johanna A. 72 Jahre)

Diese Aussage charakterisiert die Situation einer lange vernachlässigten Konsumentengruppe...

Begeben Sie sich dann ans Schreiben Ihrer Einleitung, berücksichtigen Sie die gleichen Grundsätze wie beim Abfassen Ihrer einzelnen Kapitel (s. Kap. 2.2., S. 95ff.), d.h.:

Wenn Sie Ihre Einleitung ausformulieren:

▸ Schreiben Sie Ihre Einleitung im Präsens oder Futur, auch wenn Sie Ihre Arbeit schon längst beendet haben.

▸ Bevorzugen Sie eine klare und einfache Sprache. Drücken Sie sich genau aus.

▸ Heben Sie die Lesemotivation Ihres Lesers durch einen abwechslungsreichen und anschaulichen Stil.

▸ Machen Sie Ihre Gliederung durch Absätze und ordnende Formulierungen deutlich.

▸ Bemühen Sie sich um eine Ihrem Leser, der Sache und dem Umfang Ihrer Arbeit angemessene Kürze bzw. Ausführlichkeit. Üblich für Diplomarbeiten sind Einleitungen von ca. 1-6 Seiten.

Im Übrigen halten Sie formal die gleichen Regeln ein wie auch in Ihrer restlichen Arbeit. Alle Aussagen, die Sie wörtlich, sinngemäß oder abgeleitet von anderen übernehmen, belegen Sie – wie gehabt – mit der dazugehörigen Quelle (Kap. 2.3., S. 118ff.).

In einem Punkt unterscheidet sich Ihre Einleitung jedoch vom Rest Ihrer Arbeit: In Ihrer Einleitung treten Sie deutlich als Verfasser hervor. Sie beschreiben aus Ihrer Sicht, wie Sie Ihr Thema auffassen, aus welchen Gründen Sie das Thema für relevant halten und welche Bearbeitungsweise Ihnen sinnvoll erscheint. Wie persönlich Ihre Einleitung wird, können Sie beeinflussen. Entscheiden Sie selbst, was Sie für Ihre Arbeit für angemessen halten:

Ihre Einleitung wirkt eher unpersönlich:

▸ durch unpersönliches Passiv (In dieser Arbeit wird untersucht...)

▸ wenn Sie sich auf Informationen und Aussagen anderer berufen oder Zitate einbringen

▸ wenn Sie Material aus der Fachliteratur bzw. „übliche" Quellen verwenden

Ihre Einleitung wirkt eher persönlich:

▸ durch die Ich-Form (In dieser Arbeit untersuche ich...) (Aber Achtung: Fragen Sie hierzu unbedingt Ihren Dozenten)

▸ wenn Sie eigene Erfahrungen und Beobachtungen beschreiben und Ihre persönliche Meinung betonen

▸ wenn Sie persönliches oder ungewöhnliches Material (z.B. Fotos, Kinderzeichnungen, o.Ä.) einbringen

Ein Mittelding zwischen dem persönlichen „Ich" und dem unpersönlichen Passiv ohne Urheber ist „der Verfasser / die Verfasserin dieser Arbeit". Sie können Ihre Einleitung auch dann in der Ich-Form schreiben, wenn Sie die übrigen Kapitel Ihrer Arbeit im unpersönlichen Passiv abfassen. Ihr Schlusswort formulieren Sie dann ebenfalls in der Ich-Form. Einleitung und Schlusswort bilden so die persönlicher gehaltene Umrahmung Ihrer Arbeit. Machen Sie sich aber vorher unbedingt rechtzeitig schlau, ob ein solch persönlich gehaltener Rahmen in Ihrem Fachbereich üblich ist.

Wollen Sie sich bei jemandem bedanken, tun Sie dies formlos zum Schluss Ihrer Einleitung. Formale Danksagungen in einem separaten Text, wie in zahlreichen Fachbüchern zu finden, sind bei Diplomarbeiten nicht üblich.

Nützlich beim Schreiben Ihrer Einleitung sind folgende und ähnliche Wendungen:

Formulierungen, um das Thema der Arbeit zu beschreiben:

In dieser Arbeit	untersuche	
	behandle	
	analysiere	
	bearbeite	
	erörtere	
	diskutiere	
	beleuchte	ich Thema xyz

Die vorliegende Arbeit	hat zum Gegenstand
	befasst sich mit
	setzt sich auseinander mit

Formulierungen, um die Vorgehensweise zu beschreiben:

Die Arbeit	In der Arbeit soll … werden
gliedert sich in	betrachtet
ist unterteilt in	geschildert
setzt sich zusammen aus	dargestellt
besteht aus	beschrieben
↓	
	gegenübergestellt
zunächst	verglichen
zu Anfang	abgewägt
beginnt mit	erörtert
↓	
	ergründet
dann	berechnet
darauffolgend	ausgewertet
anschließend	analysiert
↓	
	Konzept xy erstellt
schließlich	Modell xy entworfen
zum Abschluss	xy entwickelt
im letzten Teil	auf xy übertragen
	auf xy angewendet
	für xy verwendet

(Wahlweise in der Ich-Form:
„In dieser Arbeit untersuche ich Thema xy" etc.)

Formulierungen, um das Thema der Arbeit zu begründen:

Das Thema der Arbeit

hat Bedeutung für   Praxis
ist von Interesse für   gegenwärtige Forschungsdiskussion
ist relevant in Hinblick auf   bestehende Forschungslücke
ist ein Beitrag zu   aktuelle, grundsätzliche Diskussion
                                   bezüglich xy

Formulierungen, um grundsätzliche Aspekte zu beschreiben:

Schwerpunkt liegt auf
xy würde Rahmen der Arbeit sprengen
xy wird aus zeitlichen Gründen / Platzgründen nicht weiter verfolgt
Arbeit entstand im Rahmen von
Grundlage der Arbeit ist
xy wurde möglich durch Unterstützung von
möchte ich mich bedanken bei

Ein Schlusswort schreiben

So wie Ihre Einleitung den ersten Eindruck Ihrer Arbeit bestimmt, ist Ihr Schlusswort entscheidend für den „Nachklang" Ihrer Arbeit. Mit Ihrem Schlusswort runden Sie Ihre Arbeit ab. Und wie für einen Kinofilm die letzte Szene oft immens wichtig für die Gesamtwirkung ist, so prägt auch Ihr Schlusswort Ihre gesamte Arbeit. Zudem werden Schlussteil (und Einleitung) immer besonders intensiv gelesen, denn hiervon erhofft sich Ihr Leser einen zusammenfassenden Überblick über Ihre Arbeit.

Arbeiten Sie deshalb Ihr Schlusswort sorgfältig aus, auch wenn Sie mit Ihrer Zeit und Ihren Nerven fast am Ende sind. Mobilisieren Sie Ihre letzten Energien. Ihr Schlusswort arbeiten Sie nach demselben Schema wie auch Ihre Einleitung aus:

1. Sie bestimmen den Inhalt:
   Was wollen Sie abschließend festhalten?

2. Sie legen den Aufbau fest:
   In welcher Reihenfolge wollen Sie es sagen?

3. Sie formulieren Ihr Schlusswort aus:
   In welcher Form wollen Sie es mitteilen?

Bestimmen Sie den Inhalt Ihres Schlusswortes
Mit Ihrem Schlusswort knüpfen Sie an Ihre Einleitung an, beides zusammen bildet den Rahmen Ihrer Arbeit. In Ihrer Einleitung vermitteln Sie, was Sie in Ihrer Arbeit wie aus welchen Gründen untersuchen wollen und was es sonst noch zu bemerken gibt. In Ihrem Schlusswort dagegen betrachten Sie das Ganze nun rückblickend. Sie beschreiben, was Sie getan haben, was dabei herausgekommen ist – und was Ihrer Meinung nach aus Ihren Ergebnissen folgt.

Erfassen Sie diese drei Punkte anhand der nachfolgenden Checkliste. Dazu nehmen Sie Ihre Einleitung, Ihre Arbeit sowie alle Notizen, die Sie sich je zum Thema Schlusswort gemacht haben, zur Hand.

Checkliste: Was soll in Ihr Schlusswort hinein?

▸ **Rückblick über Ihre Arbeit**
   Welches Thema hatte Ihre Arbeit? Was wollten Sie untersuchen? Wie sind Sie dabei vorgegangen? Welche Untersuchungsmethoden haben Sie eingesetzt? In welcher Reihenfolge haben Sie Ihr Thema in welche Teilthemen zerlegt? (Diesen Punkt beantworten Sie am besten anhand

Ihrer Einleitung, denn hier haben Sie Ihr Thema und Ihre Vorgehensweise bereits beschrieben. Beziehen Sie sich in Ihrem Schlusswort wieder darauf.)

▸ **Ergebnisse Ihrer Arbeit**
Konnten Sie alle Schritte wie geplant verwirklichen? Was haben Sie bei den einzelnen Schritten herausgefunden? Zu welchem Gesamtergebnis sind Sie gekommen? (Um diesen und den nächsten Punkt zu beantworten, gehen Sie Ihre Arbeit systematisch Kapitel für Kapitel durch. Fassen Sie für jedes Kapitel die wichtigsten Ergebnisse und deren Auswirkungen in ein, zwei Sätzen kurz zusammen.)

▸ **Konsequenzen der Ergebnisse**
Wie beurteilen Sie die Einzelergebnisse Ihrer Arbeit? Falls Sie ein Gesamtergebnis formulieren können: Was halten Sie davon? Welche Schlussfolgerungen ziehen Sie aus Ihren Einzelergebnissen bzw. aus Ihrem Gesamtergebnis? Können Sie z.B. durch Ihre Ergebnisse vorhandene Thesen, Konzepte o.Ä. bestätigen oder widerlegen? Neue Thesen, Konzepte oder sonstige Alternativen entwickeln? Was ist aufgrund Ihrer Ergebnisse für die Zukunft wünschenswert? Hatte Ihre Arbeit bereits konkrete Auswirkungen auf irgendetwas in der Theorie oder Praxis?

Haben Sie diese Liste abgearbeitet, ist der Anfang Ihres Schlusswortes gemacht. Als nächstes erstellen Sie dann eine Gliederung:

Gliedern Sie Ihr Schlusswort
Wie Sie Ihr Schlusswort aufbauen, hängt davon ab, wie Sie Ihr Thema bearbeitet haben. Grundsätzlich haben Sie zwei Möglichkeiten: Entweder Sie betrachten Ihre Arbeit als Gesamtes oder

Sie betrachten die einzelnen Teilthemen Ihrer Arbeit erst nacheinander und ziehen dann ein Fazit.

Bauen die einzelnen Teilthemen Ihrer Arbeit aufeinander auf und laufen auf ein Gesamtergebnis hinaus, betrachten Sie in ihrem Schlusswort Ihre Arbeit als Ganzes. Sie unterteilen Ihr Schlusswort dann in drei große Abschnitte:

1. Rückblick über die gesamte Arbeit

   („In der vorliegenden Arbeit wurde die Todeseinstellung Trakls betrachtet. Grundlage war...")

2. Ergebnisse der gesamten Arbeit

   („Dabei stellt sich heraus, dass zwei widersprüchliche Interpretationen...")

3. Konsequenzen

   („Die Diskussion zeigt, dass das Werk Trakls...")

Beleuchten Sie dagegen in Ihrer Arbeit ein Thema aus unterschiedlichen Blickwinkeln (z.B. Theorie, Praxis oder Semantiktheorie nach 1. Müller, 2. Maier, 3. Schmidt) und kommen eher zu verschiedenen Einzelergebnissen als zu einem großen Gesamtergebnis, besprechen Sie die einzelnen Teilthemen Ihrer Arbeit besser nacheinander.

1. Beginnen Sie Ihr Schlusswort mit einer einleitenden Bemerkung zu Ihrer gesamten Arbeit. Beschreiben Sie z.B. noch einmal Ihr Thema oder formulieren Sie den Leitgedanken Ihrer Arbeit in Kurzform.

2. Besprechen Sie dann die einzelnen Teilthemen Ihrer Arbeit nacheinander entsprechend dem Muster „Rückblick", „Ergebnisse", „Konsequenzen".

3. Beenden Sie Ihr Schlusswort mit einem abschließenden Kommentar zu Ihrer gesamten Arbeit. Verbinden Sie z.B. Ihre Einzelergebnisse zu einem Gesamtergebnis oder leiten Sie aus Ihren Ergebnissen einen Ausblick auf die Zukunft ab.

Ein Beispiel: Sie haben als Sozialarbeiter in Ihrer Arbeit eine Begegnungsstätte für Behinderte aus theoretischer und praktischer Perspektive untersucht. In Ihrem Schlusswort betrachten Sie nacheinander erst die einzelnen Teilthemen Ihres Theorieteils, dann die des Praxisteils:

1. Einleitende Bemerkung.
   („In dieser Arbeit wurde die Konzeption einer Begegnungsstätte für Behinderte...")

2. Besprechung der einzelnen Teile der Arbeit
   (Theorieteil 1. Teilthema: „Behinderung")

   Rückblick
   („Zu Beginn wurde der Begriff ‚Behinderung' definiert...")

   Ergebnis
   („Dabei stellte sich heraus, das die gängigen Definitionen...")

   Konsequenzen
   („Für die Zukunft ist es wünschenswert, dass...")

   Rückblick
   (2. Teilthema „Begegnungsstätte")
   („In den anschließenden Kapiteln wurden verschiedene Konzeptionen von Begegnungsstätten...")

Ergebnis
(„Es wurde deutlich, dass...")

Konsequenzen
(„Aus den Diskussionsbeiträgen ergibt sich die Forderung...")

Nach diesem Muster besprechen Sie Ihre Arbeit Teilthema für Teilthema.

3. Abschließender Kommentar
(„Wie im Theorieteil aufgezeigt, ist... Dies spiegelte sich auch in der Praxis wider... Das Ergebnis lässt für zukünftige Projekte hoffen, dass... ")

Formulieren Sie Ihr Schlusswort aus
Ihr Schlusswort können Sie übertiteln mit:

▸ Schlusswort
▸ Schlussbetrachtung
▸ Fazit
▸ Rückblick
▸ Resümee
▸ Zusammenfassung und Ausblick

Berücksichtigen Sie hierbei die inhaltlichen Schwerpunkte Ihres Schlusswortes, die Vorgaben Ihres Prüfungsamtes und Ihres Dozenten sowie die in Ihrer Disziplin üblichen Bezeichnungen.

Wie in Ihrer Einleitung können Sie wahlweise im Anschluss an Ihre Überschrift – vor den eigentlichen Text – ein kurzes Zitat setzen, das Ihnen als Leitgedanke für Ihr Schlusswort passend erscheint.

Den rückblickenden Teil Ihres Schlusswortes formulieren Sie in der Vergangenheitsform, die Ergebnisse – um die Allgemeingültigkeit zu betonen – im Präsens und die vorwärtsgerichteten Teile im Präsens oder Futur. Im Übrigen beachten Sie beim Schreiben, wie gehabt (s. Kap. 2.2., S. 104ff.):

Formulieren Sie Ihr Schlusswort leserfreundlich:

▸ Sorgen Sie für einen übersichtlichen Satzbau. Meiden Sie unnötig komplizierte Formulierungen.

▸ Schreiben Sie abwechslungsreich, anschaulich und präzise.

▸ Machen Sie Ihren Textaufbau durch gliedernde Formulierungen und Absätze klar.

▸ Passen Sie die Kürze bzw. Ausführlichkeit dem Leser, der Sache und dem Umfang Ihrer Arbeit an (Anhaltspunkt: ca. 2-6 Seiten).

Alle Aussagen, die Sie wörtlich oder in der indirekten Rede („So betont Murphy, dass es wichtig sei...") zitieren, belegen Sie mit einer Quelle.

Aber – und darin unterscheidet sich Ihr Schlusswort von allen anderen Teilen Ihrer Arbeit: Alle Aussagen, die sich auf etwas beziehen, das Sie in Ihrer Arbeit bereits ausführlich besprochen haben, brauchen Sie mit keiner weiteren Quellenangabe versehen. Kommentieren Sie z.B. in Ihrem Schlusswort die Untersuchungen Müllers, die Sie in Ihrer Arbeit detailliert besprochen haben, müssen Sie nicht noch einmal auf Ihre Quellen verweisen. Sie können voraussetzen, dass Ihr Leser von der Lektüre Ihrer Arbeit her weiß, auf wen Sie sich beziehen.

Erscheint es Ihnen sinnvoll, dem Gedächtnis Ihres Lesers auf die Sprünge zu helfen, können Sie formlos auf den entsprechenden Teil Ihrer Arbeit hinweisen. („Wie im dritten Kapitel dargelegt, fand Murphy heraus, dass...") Sprechen Sie völlig neue Sachverhalte an, halten Sie sich an das übliche Prinzip der Quellenangaben (s. Kap. 2.3., S. 118ff.).

Schlusswort und Einleitung formulieren Sie – in jedem Fall in Absprache mit Ihrem Dozenten – einheitlich entweder in der Ich-Form oder im unpersönlichen Passiv. Und achten Sie darauf, dass Ihr Schlusswort und Ihre Einleitung stilistisch miteinander harmonieren. Haben Sie z.B. Ihre Einleitung eher persönlich gehalten, sollte Ihr Schlusswort dazu passen.

Hilfreich beim Ausformulieren Ihres Schlusswortes können folgende Wendungen sein:

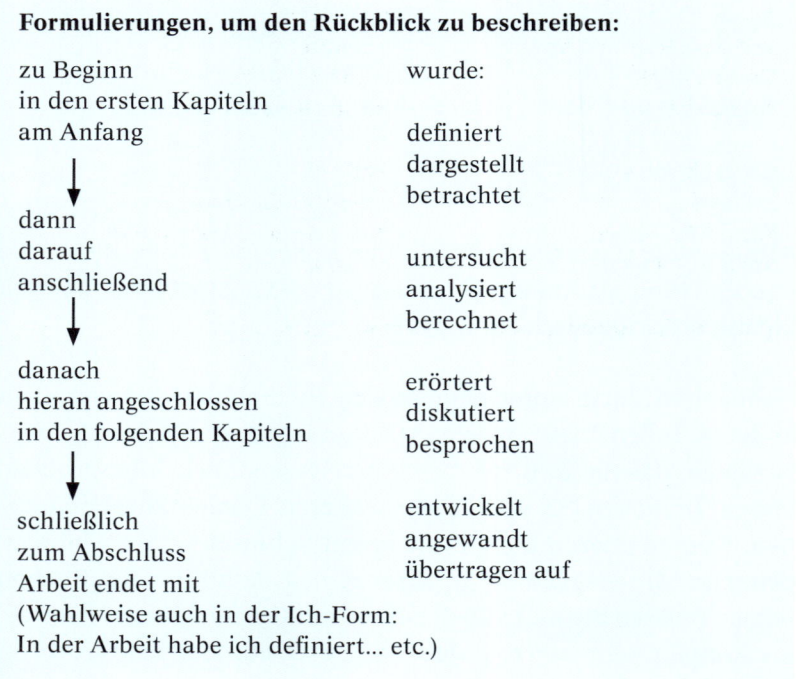

Formulierungen, um den Rückblick zu beschreiben:

zu Beginn	wurde:
in den ersten Kapiteln	
am Anfang	definiert
	dargestellt
↓	betrachtet
dann	
darauf	untersucht
anschließend	analysiert
	berechnet
↓	
danach	erörtert
hieran angeschlossen	diskutiert
in den folgenden Kapiteln	besprochen
↓	
schließlich	entwickelt
zum Abschluss	angewandt
Arbeit endet mit	übertragen auf

(Wahlweise auch in der Ich-Form:
In der Arbeit habe ich definiert... etc.)

Formulierungen, um die Ergebnisse zu beschreiben:

Zusammenfassend betrachtet	stellte sich heraus
insgesamt	kam zutage
als Ergebnis	wurde deutlich
einerseits / andererseits	zeigte sich
zum einen / zum anderen	kam heraus
auf der einen Seite /	wurde sichtbar
auf der anderen Seite	wurde offenbar
sowohl / als auch	wurde herausgefunden
nicht nur /	kristallisierte sich heraus
sondern auch	ist festzustellen
	bleibt zu bemerken
	lässt sich festhalten

(Wahlweise in der Ich-Form: Fand ich heraus...)

Formulierungen, um die Konsequenzen zu beschreiben:

xy hat zur Folge	zu fordern
mit dem Resultat, dass	zu hoffen
daraus folgt	zu unterstützen
folgerichtig	zu vermeiden
wünschenswert	Fazit
zukünftig	mögliche Lösung
für die Zukunft	Tendenz zeichnet sich ab
spätere / weitere	Prognose

(Wahlweise in der Ich-Form: Hoffe ich, dass...)

Das war's. Doch halt – bevor Sie nun das Thema Einleitung /
Schlusswort endgültig zu den Akten legen, lesen Sie beides noch
einmal hintereinander durch und überprüfen Sie: Beziehen sich
Einleitung und Schlusswort inhaltlich aufeinander? Stimmen
Fragestellung und Zielsetzung Ihrer Einleitung (Was will ich
wie untersuchen?) mit Ihrer Antwort im Schlusswort (Was habe
ich mit welchen Folgen herausgefunden?) überein? Bildet beides
zusammen eine konzentrierte Zusammenfassung Ihrer Arbeit?
Und schließlich: Sind Einleitung und Schlusswort nicht nur
inhaltlich, sondern auch von der Sprache und vom Stil her aus
einem Guss?

Können Sie alle diese Punkte mit Ja beantworten, können Sie
Einleitung und Schlusswort ruhigen Gewissens abhaken.

Das Wichtigste in Kürze

Einleitung und Schlussteil Ihrer Arbeit wird Ihr Leser mit Sicherheit aufmerksam lesen: Sorgen Sie für einen guten Eindruck. Gehen Sie systematisch vor:

Eine Einleitung schreiben

■ **Bestimmen Sie den Inhalt Ihrer Einleitung**
Erfassen Sie zunächst in Stichworten:
  ‣ Das Thema Ihrer Arbeit
    Wie ist Ihr Thema zu verstehen?
    Was wollen Sie untersuchen?
  ‣ Ihre Vorgehensweise
    In welchen Teilschritten gehen Sie vor?
    Nach welchen Methoden?
  ‣ Die Begründung für Ihr Thema
    Inwiefern ist das Thema von Bedeutung?
  ‣ Grundsätzliches zu Ihrer Arbeit
    Was sollte der Leser vorab zum Hintergrund wissen?

■ **Gliedern Sie Ihre Einleitung**
Probieren Sie aus, welche Reihenfolge der o.g. vier Inhaltspunkte Ihnen am schlüssigsten erscheint. Beginnen Sie Ihre Einleitung mit dem für Ihren Leser interessantesten Punkt. Berücksichtigen Sie inhaltliche Zusammenhänge der Punkte untereinander.

■ **Formulieren Sie Ihre Einleitung aus**
Übertiteln Sie Ihre Einleitung mit „Einleitung". Beachten Sie beim Schreiben die allgemeinen Regeln für verständliches und wissenschaftlich korrektes Schreiben sowie die Prinzipien der Quellenangaben. Entscheiden Sie, wie persönlich der Stil Ihrer Einleitung sein soll.

Ein Schlusswort schreiben

■ **Bestimmen Sie den Inhalt Ihres Schlusswortes**
Fassen Sie in Stichworten zusammen:
▸ Rückblick über Ihre Arbeit
Was haben Sie wie untersucht?
▸ Ergebnisse Ihrer Arbeit
Was haben Sie herausgefunden?
▸ Konsequenzen der Ergebnisse
Was folgt Ihrer Meinung nach aus den Ergebnissen?

■ **Gliedern Sie Ihr Schlusswort**
Ist Ihre Arbeit chronologisch aufeinander aufgebaut, erörtern Sie die einzelnen Punkte in der o.g. Reihenfolge. Besteht Ihre Arbeit aus eher eigenständigen Teilthemen, gliedern Sie Ihr Schlusswort:
▸ Einleitende Bemerkung zu Ihrer gesamten Arbeit
▸ Besprechung der einzelnen Teilthemen nacheinander, nach dem Muster „Rückblick", „Ergebnisse", „Konsequenzen"
▸ Abschließender Kommentar zu Ihrer gesamten Arbeit

■ **Formulieren Sie Ihr Schlusswort aus**
Ihr Schlusswort übertiteln Sie entsprechend der inhaltlichen Schwerpunkte, den Anforderungen Ihres Dozenten bzw. des Prüfungsamtes und den Standards Ihres Fachbereichs mit „Schlusswort", „Fazit" o.Ä. Schreiben Sie leserfreundlich und den Regeln wissenschaftlichen Schreibens entsprechend. Erörtern Sie Dinge, die Sie in Ihrer Arbeit ausführlich dargelegt haben, brauchen Sie keine Quellen angeben. Für neue Sachverhalte und Zitate gelten die üblichen Prinzipien der Quellenangaben.

Stellen Sie abschließend sicher, dass Einleitung und Schlusswort inhaltlich und stilistisch übereinstimmen.

Überblick

3.2. Literaturverzeichnis und andere ergänzende Bestandteile ausarbeiten

Dieses Kapitel handelt von den weiteren Bestandteilen Ihrer Arbeit:

▸ Deckblatt
▸ Inhaltsverzeichnis
▸ Literaturverzeichnis
▸ abschließende Erklärung
  (in der Sie versichern, dass Sie korrekt vorgegangen sind)
▸ Abkürzungsverzeichnis
▸ Abbildungsverzeichnis
▸ Tabellenverzeichnis
▸ Anhang

Sie erfahren, wie Sie die einzelnen Bestandteile schrittweise schnell und unkompliziert ausarbeiten können und auf welche Details es ankommt. Dazu erhalten Sie Mustervorlagen und Beispiele.

3.2. Literaturverzeichnis und andere ergänzende Bestandteile ausarbeiten

Zunächst einmal: Glückwunsch. Sind Sie bis hierhin gekommen, haben Sie es fast geschafft! Ihre Diplomarbeit ist nun eine überschaubare Angelegenheit.

Damit Ihre Arbeit vollständig ist,

erstellen Sie:
▸ Deckblatt
▸ Inhaltsverzeichnis
▸ Literaturverzeichnis

wahlweise zusätzlich:
▸ Abkürzungsverzeichnis
▸ Abbildungsverzeichnis
▸ Tabellenverzeichnis
▸ Anhang

sofern vorgeschrieben:
▸ eine abschließende Erklärung, in der Sie versichern, dass Sie die Arbeit eigenständig angefertigt und alle Quellen angegeben haben

Und auch wenn Sie unter Ihre Diplomarbeit lieber heute als morgen einen Strich ziehen würden: Gestalten Sie Ihr Literaturverzeichnis sowie alles Übrige sorgfältig. Sie haben in den letzten Monaten so viel Zeit und Mühe in Ihre Arbeit gesteckt – werten Sie das Ganze nicht noch in letzter Minute ab. Sind Ihre Zeit und Ihre Nerven wirklich nahezu restlos aufgebraucht – erstellen Sie einen Krisenplan (s. Kap. 4.1, S. 220ff.).

In welcher Reihenfolge Sie die noch fehlenden Bestandteile Ihrer Diplomarbeit angehen, bleibt Ihnen überlassen, solange Sie die einzelnen Teile zum Schluss wie folgt anordnen:

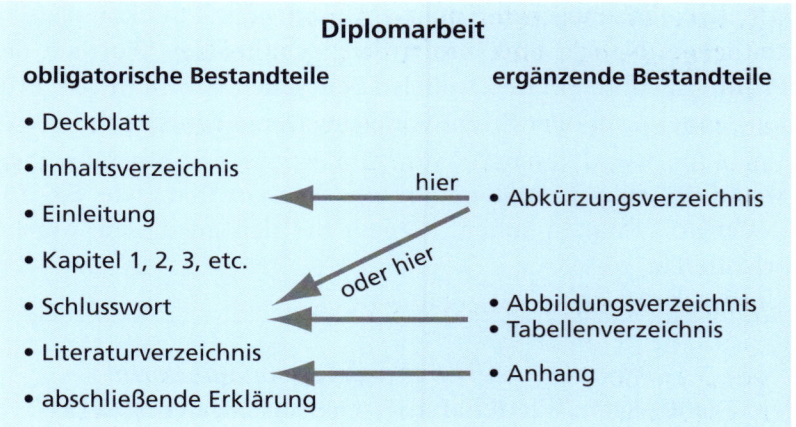

Ist bereits absehbar, dass Ihre Zeit knapp wird, beginnen Sie am besten mit dem aufwändigsten Teil, Ihrem Literaturverzeichnis, danach erstellen Sie Ihr Inhaltsverzeichnis. Alles Übrige können Sie zur Not auch in einer Nachtschicht fertig stellen.

Und wenn Sie sich nun an die Details begeben, gilt wie immer:
▸ Beachten Sie die Vorgaben Ihrer Prüfungsordnung.
▸ Berücksichtigen Sie die Vorstellungen Ihres Dozenten.
▸ Orientieren Sie sich an den in Ihrem Fachbereich üblichen Standards (vgl. Fachliteratur, andere Examensarbeiten).

Das Deckblatt gestalten

Sie beginnen Ihre Arbeit mit dem Deckblatt. Wie Ihr Deckblatt aussehen soll, ist wahrscheinlich in Ihrer Prüfungsordnung genau festgelegt.

Verwenden Sie auf Ihrem Deckblatt stets die offiziellen und vollständigen Bezeichnungen für Ihre Universität, Ihren Fachbereich und Ihre Arbeit selbst. Nennen Sie Erst- und Zweitleser mit allen akademischem Titeln, Ihre Universität mit komplettem amtlichem Namen und Ihre Arbeit im offiziellen Wortlaut der Prüfungsbehörden. In Zweifelsfällen sehen Sie in Ihren Prüfungsunterlagen oder Ihrem Vorlesungsverzeichnis nach.

Macht Ihnen niemand detaillierte Vorschriften, wie Sie Ihr Deckblatt gestalten sollen, können Sie sich an diesem Muster orientieren:

Alexander von Humboldt Universität Berlin
Fachbereich: Wirtschaftswissenschaften, Lehrstuhl II.

Diplomarbeit
Kulturmanagement

	vorgelegt von: Liese Müller
Erstleser: Univ. Prof. Dr. Schnitzler	**aus:** Darmstadt
Zweitleser: Priv. Doz. Dr. Levi	**Matrikelnr. :** DN234429876W
	Datum: März 2006

Das Inhaltsverzeichnis erstellen

Ihr Inhaltsverzeichnis ist nicht nur der erste Teil Ihrer Arbeit, den Ihr geschätzter Leser bewusst liest, sondern auch der Teil, den er wiederholt zur Hand nehmen wird, um gezielt nachzuschlagen. Geben Sie sich deshalb mit Ihrem Inhaltsverzeichnis besondere Mühe.

Ihr Inhaltsverzeichnis arbeiten Sie am einfachsten in zwei Schritten aus:
1. Sie stellen Ihr Inhaltsverzeichnis zusammen.
2. Sie gestalten das Layout.

Stellen Sie Ihr Inhaltsverzeichnis zusammen
Zunächst einmal übertiteln Sie das Inhaltsverzeichnis Ihrer Arbeit mit „Inhalt" oder „Inhaltsverzeichnis". Dann nehmen Sie alle Bestandteile Ihrer Arbeit (ausgenommen das Deckblatt, das Inhaltsverzeichnis selbst und die abschließende Erklärung) mit entsprechender Überschrift und der dazugehörigen Seitenzahl auf.

Inhaltsverzeichnis	
Einleitung	S. 1
alle Kapitelüberschriften	S. 5 etc.
Schlusswort	S. 107
Abkürzungs-, Abbildungs-, Tabellenverzeichnis	S. 111
Literaturverzeichnis	S. 112
Anhang	S. I - VII

Haben Sie alle Überschriften bereits als Formatvorlagen markiert, nutzen Sie die im MS Word Menü „Einfügen" zu findende Funktion „Index und Verzeichnisse", um Ihr Inhaltsverzeichnis zu erstellen. Mit dieser Funktion können Sie Ihr Inhaltsverzeichnis zugleich auch formatieren. Aber Achtung: Aktualisieren Sie vor Ihrem endgültigen Ausdruck unbedingt die Seitenzahlen.

Sind Ihre Überschriften nicht mittels Formatvorlage formatiert, können Sie dies entweder jetzt nachholen oder fischen die

Überschriften Seite für Seite „zu Fuß" aus Ihrem Text. Suchen Sie Ihre Überschriften einzeln zusammen, achten Sie unbedingt darauf, dass die Kapitelüberschriften in Ihrer Arbeit und Ihre Überschriften im Inhaltsverzeichnis auch tatsächlich wörtlich übereinstimmen.

Und sind Sie gerade dabei, sich mit Ihren Kapitelüberschriften zu beschäftigen, überprüfen Sie bei dieser Gelegenheit gleich noch einmal:

▸ Treffen Ihre Kapitelüberschriften auch wirklich den Kern des jeweiligen Kapitels?

▸ Sind Ihre Überschriften aussagekräftig und interessant formuliert?

▸ Passen Ihre Überschriften untereinander zusammen? Besteht eine logische Verbindung zwischen den aufeinander folgenden Überschriften? Im Idealfall präsentieren Sie mit Ihren Kapitelüberschriften im Inhaltsverzeichnis eine Mini-Zusammenfassung Ihrer Arbeit.

▸ Falls noch nicht geschehen, können Sie den Aufbau Ihrer Arbeit noch verdeutlichen, indem Sie die zusammengehörigen Kapitel unter eine gemeinsame Leitüberschrift stellen (und ggf. daran denken, dieser die Formatvorlage „Überschrift 1" zuzuweisen. Siehe dazu auch Kap. 2.1., S. 83ff.).

Ein Beispiel:

Inhaltsverzeichnis

(Leitüberschrift)	1.	Der Glücksbegriff
	1.1.	Glück in der antiken Philosophie
	1.2.	Glück im Mittelalter etc.
(Leitüberschrift)	2.	Hans im Glück
	2.1.	Entstehungsgeschichte etc.

Gestalten Sie das Layout Ihres Inhaltsverzeichnisses

Begeben Sie sich an das äußere Erscheinungsbild Ihres Inhaltsverzeichnisses, denken Sie an Ihren Leser, der von Ihrem Inhaltsverzeichnis vor allem eins erwartet: Einen schnellen Überblick über Ihre Arbeit. Kommen Sie Ihrem Leser entgegen und präsentieren Sie Ihr Inhaltsverzeichnis klar und übersichtlich:

▸ Gliedern Sie Ihr Inhaltsverzeichnis auch optisch. Machen Sie durch Absätze deutlich, welche Kapitel inhaltlich zusammengehören und wo ein neuer Teil Ihrer Arbeit beginnt.

▸ Heben Sie Ihre Leitüberschriften hervor. Wahlweise durch Fettdruck, Großdruck, Unterstreichungen, Aufzählungszeichen, Nummerierungen oder indem Sie die dazugehörigen Kapitel einrücken.

▸ Setzen Sie Ihre grafischen Mittel sparsam und gezielt ein. Überfrachten Sie Ihr Inhaltsverzeichnis nicht mit Unterstreichungen, gepunkteten Linien, Fettdruck u.a.

Probieren Sie ruhig verschiedene Variationen, bis Sie das Layout wirklich ansprechend finden. Hilfreich dabei kann Ihr Computer sein (bei Windows z.B. unter Format: Nummerierung und Aufzählungen).

Abschließend nummerieren Sie dann die Seiten Ihres Inhaltsverzeichnisses wahlweise:

▸ mit separaten römischen Ziffern

▸ als Bestandteil Ihrer Arbeit mit fortlaufenden Seitenzahlen (Sie beginnen dann mit Seite 1, das Deckblatt wird nicht mitgezählt)

▸ Sie lassen Ihr Inhaltsverzeichnis ganz ohne Seitenzahlen

Das Literaturverzeichnis ausarbeiten

Ihr Literaturverzeichnis erstellen Sie am besten in drei Etappen:

1. Sie suchen die Quellen, die in Ihr Literaturverzeichnis gehören, zusammen.

2. Sie bringen Ihre einzelnen Quellenangaben in eine korrekte Form.

3. Sie legen den Aufbau und das Layout Ihres Literaturverzeichnisses fest.

Aber keine Sorge, das Ganze ist halb so aufwändig, wie es sich anhört.

Stellen Sie die Quellen für Ihr Literaturverzeichnis zusammen
In Ihrem Literaturverzeichnis geben Sie sämtliche Quellen an, auf die Sie sich in Ihrer Arbeit berufen. Alle Quellen, auf die Sie in einer Fußnote oder Klammer im Text verweisen, müssen auch in Ihrem Literaturverzeichnis auftauchen.

Quellen, die Sie zwar gelesen, aber nicht weiter verwendet haben, führen Sie nicht in Ihrem Literaturverzeichnis auf. Auch wenn Sie sich mühsam durch „Das reformierte Steuerrecht in Liechtenstein 1803-1876" gequält haben – solange Sie sich in Ihrer Arbeit nicht ausdrücklich auf dieses Werk beziehen, hat es nichts in Ihrem Literaturverzeichnis verloren.

Haben Sie Ihre Quellen nicht von vornherein irgendwo separat notiert, gehen Sie Ihre Arbeit am besten Seite für Seite durch und suchen Ihre Quellen heraus.

Bringen Sie Ihre Quellenangaben in eine korrekte Form
Haben Sie alle Quellen, die in Ihr Literaturverzeichnis sollen, zusammen, bringen Sie Ihre Quellen im nächsten Schritt in die richtige Form. Wie, hängt von Ihrer Ausgangslage ab:

▸ Führten Sie in Ihrer Arbeit Ihre Quellen bereits in voller Länge in den Fußnoten an, brauchen Sie diese Angaben lediglich zu überarbeiten und in das Verzeichnis zu kopieren.

▸ Nannten Sie dagegen in Ihrer Arbeit Ihre Quellen in verkürzter Form in Klammern im Text oder in den Fußnoten, müssen Sie diese Angaben nun vervollständigen. (Sie lesen dann weiter auf S. 179 dieses Kapitels.)

■ **Ihre Ausgangslage: Quellenangaben in vollständiger Form in den Fußnoten**
Gaben Sie in Ihrer Arbeit Ihre Quellen in den Fußnoten mit allen Details an, brauchen Sie Ihre Quellenangaben für Ihr Literaturverzeichnis nur geringfügig ändern:

1. Streichen Sie die Seitenangabe, auf die Sie sich mit Ihrer Fußnote in Ihrer Arbeit beziehen.
   (A. Chremkski „Eventmarketing" München 2005 ~~S. 23~~)

2. Streichen Sie außerdem alle erläuternden Zusätze wie „zit. n." „siehe", „vgl." etc.

(~~Tabelle berechnet nach:~~ Z. Miners „Kindergeldreformen 1955 - 1998", Frankfurt a. M. 1999)

3. Fügen Sie bei unselbstständig erschienenen Quellen wie Aufsätzen in Sammelbänden, Zeitschriftenartikeln, Lexikaeinträgen u.a. hinzu, auf welchen Seiten im Herkunftswerk die Quelle zu finden ist.

(W. Humboldt „Über das Gespräch" in D. Fritsche (Hrsg.)„Kommunikation" Berlin 2003 S. 101 - 111)

Natürlich müssen Sie Ihre Quellen im Literaturverzeichnis nicht unbedingt in derselben Form wie in den Fußnoten angeben. Sie erinnern sich: Bestimmte Details, wie z.B. die Satzzeichen, konnten Sie in Ihren Fußnoten auf verschiedene Arten handhaben (s. Kap 2.3., S. 123 ff.). Auch bei Ihren Quellenangaben im Literaturverzeichnis können Sie die Reihenfolge der einzelnen Informationen, Satzzeichen und das Druckbild auf verschiedene Weisen präsentieren. Für welche Form Sie sich auch entscheiden:

▸ Gestalten Sie alle Quellenangaben im Literaturverzeichnis durchgängig nach einem Schema.

▸ Nennen Sie bei jeder Quellenangabe im Literaturverzeichnis immer: Name des Verfassers, Titel der Quelle, Erscheinungsort und Jahr

(A. Kampowski „Hegel und seine Zeit" Köln, 1983)

▸ Zusätzlich bei unselbstständig erschienenen Quellen, schwer zugänglichen Quellen, unveröffentlichten Quellen und mündlichen Quellen: Nennen Sie alle Hintergrundinformationen, die Ihr Leser braucht, um diese Quelle nachzuvollziehen. (B. Csismania „Aspekte der nonverbalen Kommunikation" in H. Henning (Hrsg.) „Psychologie heute" Festschrift für G. Bertold, JG. Nr. 24, Bd. 3, Bremerhaven 1990, S. 104-107)

Haben Sie Ihre einzelnen Quellenangaben dann in die für Ihr Literaturverzeichnis passende Form gebracht, arbeiten Sie im letzten Schritt den Aufbau Ihres Literaturverzeichnisses aus. (Dazu lesen Sie auf S. 186 dieses Kapitels weiter.)

■ **Ihre Ausgangslage: Verkürzte Quellenangaben im Text oder in den Fußnoten**

Haben Sie in Ihrer Arbeit Ihre Quellen in verkürzter Form angeführt, müssen Sie sich eingehender mit den Formalien Ihrer Quellenangaben im Literaturverzeichnis beschäftigen. Für den Fall, dass sich Ihre Motivation inzwischen gen Null bewegt: Denken Sie daran, dass der Abschluss Ihrer Arbeit in greifbarer Nähe liegt. Legen Sie einen Endspurt ein! Und noch eins: In den meisten Fällen ist es gar nicht so aufwändig, die Quellenangaben für das Literaturverzeichnis zusammenzustellen. Schlagen Sie bei Büchern und anderen gebundenen Werken einfach die ersten Seiten auf und schauen Sie unter „CIP-Einheitsaufnahme der Deutschen Bibliothek" nach. Hier finden Sie alle Informationen, die Sie brauchen. Bei Zeitungen, Zeitschriften, Broschüren u.a. finden Sie alles Wissenswerte im „Impressum".

Doch nun zu Ihren Quellenangaben im Literaturverzeichnis. Hatten Sie sich in Ihrer Arbeit für die Ultrakurzform entschieden, nannten Sie zu jeder Quelle lediglich den Zunamen des

Verfassers, das Erscheinungsjahr und die Seite oder Seiten, auf die Sie sich beziehen. In der etwas längeren Form dagegen ergänzten Sie diese Angaben wahlweise außerdem durch „zit. n.", den Vornamen des Verfassers und einen Kurztitel.

Wenn Sie nun Ihre Quellen in Ihr Literaturverzeichnis aufnehmen:
1. Streichen Sie „zit.n." und Kurztitel (falls vorhanden).
2. Streichen Sie die Seitenzahl, auf die Sie sich beziehen.
3. Vervollständigen Sie Ihre verkürzte Quellenangabe.

In Ihrem Literaturverzeichnis geben Sie zu jeder Quelle an:

- Vor- und Zunamen des Verfassers
- Vollständigen Titel
- Erscheinungsort
- Erscheinungsjahr

Zusätzlich müssen Sie alle Hintergrundinformationen nennen, die Ihr Leser braucht, um diese Quelle ausfindig zu machen, bei:

- unselbstständig erschienenen Quellen
  (z.B. Aufsätze in Sammelbänden)
- schwer zugänglichen Quellen
  (z.B. Archivmaterial)
- unveröffentlichten Quellen
  (z.B. unternehmensinterne Unterlagen)
- mündlichen Quellen
  (z.B. Interviews)

Ist Ihnen klar, zu welcher Quelle Sie welche Informationen geben müssen, widmen Sie sich den Feinheiten:

- **Wie geben Sie die Vor- und Zunamen des Verfassers Ihrer Quelle an?**
  - ▸ Vornamen können Sie abkürzen und wahlweise dem Zunamen voran- oder nachstellen.

  - ▸ Ist der Verfasser der Quelle nicht genannt, schreiben Sie „o. V."(für „ohne Verfasser"). Ausnahme: Bei Gesetzestexten und anderen Texten, bei denen in der Fachliteratur der Titel den Verfasser ersetzt, lassen Sie das „o.V." weg („Wettbewerbsrecht" in „...").

  - ▸ Bei mündlichen Quellen geben Sie als Verfasser denjenigen an, der die Aussage gemacht hat.

  - ▸ Hat eine Quelle mehr als zwei Verfasser, brauchen Sie lediglich den ersten Verfasser mit Namen nennen, für die übrigen schreiben Sie „u.a." oder „et al." (für „et alii").

  - ▸ Namenszusätze wie „von" führen Sie – abgekürzt oder ausgeschrieben – vor oder hinter dem Zunamen an („L. van Dries" oder „Dries van, L.").

  - ▸ Akademische Titel und andere dem Vor- und Zunamen vorangestellte Titel (Konsul Hermann Weyer) nennen Sie nicht. Titel, die eine Funktion bezeichnen (Vorstandssprecher, Generaldirektor etc.) führen Sie dann an, wenn diese Funktion für das Verständnis Ihrer Quelle bedeutsam ist. Sie nennen den Titel dann nach dem Namen (Kalle Knoke, Aufsichtsratsvorsitzender). Adelstitel, die nicht vorangestellt, sondern Bestandteil des Namens sind (Otto Graf Lambsdorff), behandeln Sie als Namenszusatz wie „von" o.Ä.

■ **Wie nennen Sie den Titel Ihrer Quelle?**

▸ In Ihrem Literaturverzeichnis nennen Sie Ihre Quelle mit komplettem Titel. Falls vorhanden, geben Sie auch den Untertitel, Zusatztitel sowie Bandzählungen mit an.

▸ Hat Ihre Quelle keinen eigenen Titel (z.B. mündliche Auskunft, Flugblatt ohne Überschrift etc.) geben Sie die Art der Quelle anstelle eines Titels an. (W. de Grand, Brief an den Verfasser der vorliegenden Arbeit, 31.11.2006)

Außerdem können Sie bei solchen Quellen selbst einen Kurztitel erstellen. Sie richten sich dann entweder nach dem Inhalt Ihrer Quelle (B. Holländer „Aktuelle Drogenpolitik der Bezirksvertretung Oppladen Süd", E-Mail...) oder nach den ersten Worten Ihrer Quelle (o.V. „Billig, billig, billig..." Reklamezettel „Harry's Schuhmarkt"...)

■ **Wie führen Sie den Erscheinungsort an?**

▸ Bis zu zwei Erscheinungsorte nennen Sie vollständig. Ab zwei Erscheinungsorten können Sie wahlweise nur den in Ihrer Quelle zuerst genannten Ort anführen.

▸ Ist der Erscheinungsort Ihrer Quelle unbekannt, geben Sie „o. O." (für „ohne Ortsangabe") an.

Stammt Ihre Quelle aus dem Internet, geben Sie den Fundort an. Richten Sie sich dabei nach den Empfehlungen Ihres Dozenten, Ihres Prüfungsamtes und den Standards Ihres Fachbereichs. Beschreiben Sie den Fundort so präzise wie möglich, achten Sie dabei auf die Originalschreibweise, z.B.: D. Schnitzler „Hydrokultur" 2005, www.biol.inst. Uni-Salzb.de./Arbeitsbl.Elementarunt./ac.doc./htm. (Stand 10.08.2006)

■ **In welcher Form nennen Sie das Erscheinungsdatum?**

▸ In der Regel geben Sie das Erscheinungsjahr Ihrer Quelle an. Ist das Jahr nicht bekannt, schreiben Sie „o. J." (für „ohne Jahresangabe").

▸ Ist außerdem der Erscheinungsmonat (z.B. bei Zeitschriften) oder ein genaues Erscheinungsdatum (z.B. bei Tageszeitungen) erforderlich, um diese Quelle ausfindig zu machen, führen Sie auch diese Daten an.

Bei mündlich, per Brief, Fax oder E-Mail erhaltenen Informationen nennen Sie in jedem Fall das genaue Datum. Quellen aus dem Internet (Newsletter) führen Sie mit Erscheinungsdatum (soweit bekannt), der Internetadresse des Servers bzw. Anbieters, über den sie erhältlich sind, und mit dem Datum des Zugriffs bzw. Ausdrucks an. Legen Sie außerdem eine Kopie der Quelle auf Diskette oder CD-ROM bei.

Zusätzlich zu diesen Informationen zu Ihrer Quelle selbst nennen Sie bei nicht selbstständig erschienenen, schwer zugänglichen, unveröffentlichten und mündlichen Quellen: alle Informationen zum Fundort! Das bedeutet:

■ **Nicht selbstständig erschienene Quellen**

> Aufsätze in Sammelbänden, Zeitungs- und Zeitschriftenartikel, Handbuch- und Lexikaeinträge u.a.

Bei diesen Quellen geben Sie zusätzlich das Werk, in dem diese Quelle abgedruckt ist, an. Sie nennen dabei: Herausgeber, vollständigen Titel, Erscheinungsort, Erscheinungsjahr und die Seiten, auf denen Ihre Quelle zu finden ist. Falls vorhanden, außerdem Bandnummern und Jahrgangsangaben.

```
A. van den Donken: „Robert Schumann" in B. Kast
(Hrsg.): „Lexikon der Musik", Band 10, München 2001,
S. 32-34
```

■ Schwer zugängliche und unveröffentlichte Quellen

> Unterlagen aus Archiven, Flugblätter, Reklamebeilagen, Beipackzettel, über den Suchdienst von Bibliothek oder Buchhandel nicht auffindbare Schriften, Internetinformationen, Quellen auf CD-ROM, betriebs- oder behördeninterne Unterlagen, private Briefe und Zeichnungen, Auskünfte per Brief, Fax, E-Mail, von Ihnen durchgeführte Interviews u.a.

Quellen dieser Art beschreiben Sie so exakt wie möglich. Nennen Sie alle Informationen, die die Art Ihrer Quelle erklären und den Fundort nachvollziehbar machen.

```
Gottfried Benn „Liebe Julie...", Brief an seine
Cousine J. Berger v. 11.12.1909, Literaturarchiv
Salzburg, Bestand L. 32 „Benn" J.B.
```

■ Mündliche Quellen

> An Sie persönlich gerichtete mündliche und telefonische Auskünfte, von Ihnen durchgeführte Interviews, von Ihnen mitgeschnittene (oder mitgeschriebene) Radio- und Fernsehbeiträge, Vorträge, Reden, Presseerklärungen u.a.

Bei mündlich erhaltenen Informationen nennen Sie die Form der Auskunft und – soweit es Ihnen sinnvoll erscheint – Funktion und Adresse Ihres Gesprächspartners:

```
E. Gabriel („Winter Versicherungen AG" Abt. Öffent-
lichkeitsarbeit Bezirk NRW-West) „Auskunft zu
§ 134 A Hausratversicherungen" per Telefon
3.8.2006
```

Sind Sie sich bei Ihren ausgefalleneren Quellen unsicher, was Sie angeben sollen, denken Sie einfach daran, welche

Informationen Sie gebraucht hätten, um diese Quelle ausfindig zu machen. Im Übrigen halten Sie Rücksprache mit Ihrem Dozenten.

Drucken Sie schwer zugängliche oder unveröffentlichte Quellen im Anhang Ihrer Arbeit ab, können Sie in Ihrem Literaturverzeichnis bei der entsprechenden Quelle durch „s. auch Anhang der vorliegenden Arbeit" o.Ä. darauf hinweisen.

Damit ist das Thema Quellenangaben im Literaturverzeichnis auch schon fast beendet. Sie müssen jetzt noch wissen:

■ **In welcher Reihenfolge nennen Sie die einzelnen Informationen zu Ihren Quellen ?**
Sie beginnen mit dem Namen des Verfassers Ihrer Quelle, dann nennen Sie Titel, Erscheinungsort und -jahr:
`Andreas Mant „Aids", Frankfurt a. M. 2001`
oder Erscheinungsjahr, Titel, Erscheinungsort:
`Andreas Mant (2001) „Aids", Frankfurt a. M.`

Ist Ihre Quelle nicht selbstständig erschienen, beschreiben Sie

1. Ihre Quelle selbst (Namen des Verfassers, Titel usw.),

2. Wo diese Quelle zu finden ist, in der Reihenfolge: Herausgeber / Auftraggeber, Titel, Erscheinungsort und -jahr, auf welchen Seiten abgedruckt:
   `M. Valentin „Spiderman" in D. Bright (Hrsg.) „Comicwelten" Braunschweig, 2004 S. 45-67`

   Alternativ hierzu können Sie die Seitenangabe an den Anfang setzen und / oder den Titel vor dem Herausgeber nennen:
   `M. Valentin „Spiderman" S. 45-67 in „Comicwelten" (Hrsg.) D. Bright, Braunschweig, 2004`

Bei schwer zugänglichen, unveröffentlichten oder mündlichen Quellen halten Sie sich im Prinzip an dieselbe Reihenfolge wie bei gängigen Quellen auch, d.h., Sie nennen

1. Verfasser – ggf. mit Titel oder Funktion
2. Titel – und/oder Art der Quelle
3. falls erforderlich, weitere Erklärungen zu der Quelle
4. Erscheinungsort bzw. Ort, an dem man die Quelle findet
5. Erscheinungsjahr – ggf. genaues Datum

> Beispiel: Schmitz „Betr. Grundwasserqualität", Fax vom 12.3.2006 im Auftrag der Stadtwerke Bochum (Abt. B8 Klärwerke 1-5) an den Verfasser dieser Arbeit.

■ **Welche Satzzeichen und welches Druckbild verwenden Sie bei Ihren Quellenangaben im Literaturverzeichnis?**
Die Satzzeichen wie Kommata, Semikola, Doppelpunkte, Punkte sowie Klammern in Ihren Quellenangaben handhaben Sie so, wie Sie es für angemessen halten. Ebenso steht es Ihnen frei, Ihre Quellenangaben ganz oder teilweise fett, kursiv oder in einer besonderen Schriftart zu drucken. Geben Sie Ihre Quellen so an, wie es Ihnen am übersichtlichsten und leserfreundlichsten erscheint. Falls Sie noch Zeit und Nerven übrig haben, probieren Sie verschiedene Varianten aus.

Wie Sie sich auch bei den Details entscheiden: Gestalten Sie alle Quellenangaben in Ihrem Literaturverzeichnis einheitlich nach demselben Schema! Haben Sie die Quellenangaben für das Literaturverzeichnis einmal in die endgültige Form gebracht, sind Sie auch schon fast fertig. Im letzten Schritt feilen Sie dann den Aufbau und das Erscheinungsbild Ihres Literaturverzeichnisses aus.

Arbeiten Sie Aufbau und Layout Ihres Literaturverzeichnisses aus

Grundsätzlich haben Sie zwei Möglichkeiten, wie Sie Ihr Literaturverzeichnis aufbauen können. Entweder:

▸ Sie nennen alle Quellen einfach alphabetisch geordnet nacheinander. Oder:

▸ Sie unterscheiden nach Art der Quelle (z.B. mündlich / schriftlich) und unterteilen Ihr Literaturverzeichnis in verschiedene Rubriken mit entsprechenden Überschriften, z.B.

Literaturverzeichnis	oder:	**Literaturverzeichnis**
1. Bücher		A. Primärquellen
2. Aufsätze und Artikel		B. Sekundärliteratur
3. Gesetze		
4. Internetquellen		
5. Weitere Quellen		

Innerhalb der einzelnen Rubriken sortieren Sie Ihre Quellen dann ebenfalls alphabetisch.

Entscheiden Sie selbst, welche Art Literaturverzeichnis Ihnen für Ihre Arbeit übersichtlicher erscheint. Führen Sie überwiegend Fachliteratur in Form von Büchern, Aufsätzen und Artikeln an, ist ein einfach alphabetisch geordnetes Literaturverzeichnis praktischer. Nennen Sie dagegen sehr viele und/oder sehr unterschiedliche Quellen, ist ein unterteiltes Literaturverzeichnis sinnvoll.

Steht fest, wie Sie Ihr Literaturverzeichnis aufbauen wollen, müssen Sie Ihre Quellen – entweder hintereinander oder innerhalb der einzelnen Kategorien – alphabetisch ordnen. Je nach Computerprogramm können Sie sich dabei helfen lassen (in MS Word z.B. unter: Tabelle / Text sortieren).

Bei Ihrer alphabetischen Sortierung gehen Sie immer von dem Nachnamen des Verfassers Ihrer Quelle aus. Das bedeutet:

▸ Sie richten sich stets nach dem **Namen des unmittelbaren Urhebers** Ihrer Quelle. Der Herausgeber (z.B. bei Aufsätzen, Artikeln), Auftraggeber (z.B. bei Briefen, Faxen) oder die Institution, in deren Namen gesprochen wird (z.B. bei Pressekonferenzen, Interviews, etc.), spielen hier keine Rolle.

▸ **Namen mit Namenszusätzen** (z.B. „von", „de", „van" o.Ä.), können Sie:

  ▸ unter den ersten Buchstaben des eigentlichen Nachnamens sortieren: „Klaus von Danhoff" oder „Danhoff von, Klaus"

  ▸ oder Sie richten sich nach dem ersten Buchstaben des Namenszusatzes: „K. von Danhoff"

Ebenso verfahren Sie mit Adelstiteln, die dem Vornamen nachgestellt sind (Marion Gräfin Dönhoff) und den Charakter eines Namenszusatzes haben. Adelstitel und akademische Titel, die dem gesamten Namen vorangehen (Dr. Dr. h.c. Meier) lassen Sie ohnehin ganz weg.

▸ **Titel**, die Sie für unbedingt notwendig halten, um Ihre Quelle zu erklären (z.B. Pressesprecher etc.) nennen Sie ohne Einfluss auf die alphabetische Einordnung immer nach dem Namen „A. Blank, (Leutnant a. D.)"

▸ Haben Sie von **einem Verfasser mehrere Quellen**, ordnen Sie diese nach Erscheinungsdatum. Sie können dabei wahlweise mit dem ältesten oder dem jüngsten Werk beginnen. Haben Sie diese Quellen in den Quellenverweisen Ihrer Arbeit selbst zusätzlich durch „a, b, c"/„1, 2, 3" o.Ä. unterschieden, nennen Sie diese Buchstaben oder Zahlen auch in Ihrem Literaturverzeichnis, z.B.:

P. Bergson (a) „England" Köln 2005
P. Bergson (b) „Spanien" Köln 2001

▸ **Quellen ohne Verfasser (o. V.)** sortieren Sie unter „O" ein. Nennen Sie mehrere Quellen ohne Verfasser, ordnen Sie diese entweder nach Erscheinungsdatum oder nach der alphabetischen Reihenfolge des Titels.

▸ **Quellen, bei denen der Titel einen namentlichen Verfasser ersetzt** und ein „o. V." verwirren würde, z.B. bei Gesetzestexten, sortieren Sie unter dem ersten Buchstaben des Titels ein:

(„Pressegesetz 1999" Hrsg. C. Beck, München 2000)

Und damit können Sie das Thema „Literaturverzeichnis" auch schon fast zu den Akten legen. Ihnen bleibt noch in einem letzten Schritt, das Layout endgültig auszufeilen. Sorgen Sie für ein übersichtliches und leserfreundliches Gesamterscheinungsbild:

▸ Betiteln Sie Ihr Literaturverzeichnis mit „Literatur" oder „Literaturverzeichnis".

▸ Ist Ihr Literaturverzeichnis sehr umfangreich und enthält keine unterteilenden Kategorien, machen Sie Ihre alphabetische Sortierung auch optisch deutlich, z.B.:

A:

Antoni, Luigi „Italienische Romantiker" Hamburg, 1987 etc.

B:

Bender, Marc „Geistesgeschichte des 19. Jh." Bern, 1996 etc.

▸ Enthält Ihr Literaturverzeichnis verschiedene Kategorien, heben Sie die Überschriften Ihrer einzelnen Kategorien deutlich hervor. Grenzen Sie die einzelnen Kategorien durch Absätze oder Trennstriche klar voneinander ab.

Liegt Ihr Literaturverzeichnis dann fertig vor Ihnen, fügen Sie das Verzeichnis an das Ende Ihrer Arbeit an, hinter Ihr Schlusswort, oder falls vorhanden, hinter Ihr Abbildungs- oder Tabellenverzeichnis. Die Seiten Ihres Literaturverzeichnisses nummerieren Sie im Anschluss an Ihr Schlusswort (oder Abbildungs- bzw. Tabellenverzeichnis), nicht separat.

Eine abschließende Erklärung formulieren

Um sicherzugehen, dass es bei Ihrer Diplomarbeit auch mit rechten Dingen zugegangen ist, wird Ihr Prüfungsamt in irgendeiner Form eine abschließende Erklärung dazu von Ihnen erwarten. In der Regel sind Form und Inhalt dieser hochoffiziellen Erklärung genau vorgeschrieben. Falls nicht, können Sie sich an diesem Muster orientieren:

Erklärung

Hiermit versichere ich, dass ich die vorliegende Arbeit selbstständig ohne fremde Hilfe angefertigt habe. Alle Stellen, die
ich wörtlich oder sinngemäß aus veröffentlichten oder nicht
veröffentlichten Schriften übernommen habe, habe ich als
solche kenntlich gemacht.

Musterstadt, den 2.4.2007

Petra Mustermann

Achtung! Sie müssen Ihre Erklärung in jedem Fall handschriftlich unterschreiben. Ihre Erklärung heften Sie – fortlaufend
durchnummeriert oder ohne Seitenzählung – ganz an das Ende
Ihrer Arbeit.

Ein Abkürzungsverzeichnis erstellen

Verwenden Sie in Ihrer Arbeit zahlreiche Abkürzungen, die
Ihrem Leser wahrscheinlich nicht geläufig sind, legen Sie ein
separates Abkürzungsverzeichnis an. Sie ersparen Ihrem Leser
damit mühseliges Überlegen und Suchen nach „Was bedeutete
noch mal „GHdS"?".

In Ihr Abkürzungsverzeichnis nehmen Sie alle Abkürzungen
für Begriffe, Bezeichnungen oder Eigennamen auf,

▸ die Sie in Ihrer Arbeit mehrfach erwähnen,
▸ die von Bedeutung für das Verständnis sind und
▸ die weder zum Allgemeinwissen noch zum fachlichen
  Basiswissen zählen.

(Hüten Sie sich davor, gängige Abkürzungen wie „USA" usw. aufzunehmen. Ihr Leser wird sonst glauben, dass Sie an seiner Intelligenz zweifeln.)

▶ Sortieren Sie Ihre Abkürzungen alphabetisch.

▶ Stellen Sie jeder Abkürzung den dazugehörigen Begriff gegenüber. Da, wo es Ihnen sinnvoll erscheint, können Sie einzelne Begriffe noch zusätzlich erläutern, z.B.:

Abkürzungsverzeichnis

AScho	-	Allgemeine Schulordnung
BZDM	-	Berliner Zeitung für Didaktik und Methodik (Vor 1990 West-Berliner Zeitung für Didaktik und Methodik)

Ist Ihr Abkürzungsverzeichnis soweit gediehen, überprüfen Sie noch einmal kritisch: Sind alle aufgenommenen Abkürzungen tatsächlich sinnvoll und erleichtern das Verständnis Ihrer Arbeit? Und umgekehrt, könnten Sie noch weitere Begriffe Ihrer Arbeit zu einer prägnanten Abkürzung zusammenfassen?

Ist das geklärt, sorgen Sie für ein ansprechendes Layout Ihres Abkürzungsverzeichnisses. Denken Sie daran, dass Ihr Abkürzungsverzeichnis als separater Teil Ihrer Arbeit Ihrem Leser besonders ins Auge fällt. Gestalten Sie Ihre Angaben klar, einfach und übersichtlich. Übertiteln Sie Ihr Abkürzungsverzeichnis mit „Abkürzungen" oder „Abkürzungsverzeichnis".

Im letzten Schritt fügen Sie dann Ihr Abkürzungsverzeichnis entweder an den Anfang oder an das Ende Ihrer Arbeit.

Meinen Sie, dass Ihr Leser von Ihrem Abkürzungsverzeichnis regen Gebrauch machen wird, präsentieren Sie Ihr Abkürzungsverzeichnis vorne in der Arbeit, zwischen Inhaltsverzeichnis und Einleitung. Ansonsten stellen Sie das Abkürzungsverzeichnis hinter das Schlusswort. Ihr Abkürzungsverzeichnis können Sie wahlweise fortlaufend oder mit römischen Ziffern nummerieren oder ganz ohne Seitenzählung lassen.

Ein Abbildungs- oder Tabellenverzeichnis anlegen

Fügen Sie Ihrer Arbeit ein separates Abbildungsverzeichnis bei, wenn Ihre Arbeit zahlreiche Abbildungen (Fotos, Schautafeln, Zeichnungen, Diagramme u.Ä.) beinhaltet und Sie glauben, dass Ihr Leser einzelne Abbildungen gezielt nachschlagen möchte.

Dasselbe gilt für Tabellen. Selbstverständlich können Sie Ihrer Arbeit sowohl ein Abbildungsverzeichnis als auch ein Tabellenverzeichnis beifügen. Wollen Sie ein Abbildungsverzeichnis (Tabellenverzeichnis) erstellen, nummerieren Sie in Ihrer Arbeit sämtliche Abbildungen (Tabellen) fortlaufend durch.

▸ Betiteln Sie Ihr Abbildungsverzeichnis (Tabellenverzeichnis) entsprechend mit „Abbildungen"/„Abbildungsverzeichnis" („Tabellen"/„Tabellenverzeichnis").

▸ Nehmen Sie in Ihr Abbildungsverzeichnis (Tabellenverzeichnis) auf:
  ▸ die Abbildungsnummern (Tabellennummern)
  ▸ die Unter- oder Überschrift Ihrer Abbildungen (Tabellen)
  ▸ die dazugehörige Seitenzahl

▸ Gestalten Sie Ihr Abbildungsverzeichnis (oder Tabellenverzeichnis) optisch so, dass Ihr Leser schnell findet, was er sucht.

Abbildungsverzeichnis

Auch bei der Erstellung eines Abbildungs- und Tabellenverzeichnisses können die Word-Funktionen zur automatischen Erstellung von Verzeichnissen und Indizes sinnvoll eingesetzt werden. Voraussetzung ist lediglich, dass Sie Ihre Abbildungen und Tabellen mit den entsprechenden Word-Funktionen und nicht „zu Fuß" beschriftet haben. Ihr Abbildungsverzeichnis (Tabellenverzeichnis) fügen Sie mit entsprechender Seitenzählung zwischen Schlusswort und Literaturverzeichnis ein bzw. erstellen es dort automatisch.

Einen Anhang zusammenstellen

Belegen Sie in Ihrer Arbeit wesentliche Aussagen mit Material, an die Ihr Leser schwer oder gar nicht herankommt (z.B. Handzettel, betriebsinterne Unterlagen, unveröffentlichte Briefe, von Ihnen durchgeführte Interviews, Internetquellen etc.) drucken Sie dieses Material in einem Anhang ab oder legen Sie es auf Diskette oder CD-ROM bei. Ihr Leser kann dann Ihre Quellen unmittelbar selbst nachvollziehen. Zudem können Sie durch die Wiedergabe von Originalmaterial, wie z.B. Fotos, Ihre Aussagen zusätzlich veranschaulichen.

Außerdem bietet es sich an, dass Sie Ihrem Anhang Ausdrucke Ihrer Internetquellen beifügen und so die Überprüfbarkeit dieser Quellen sicherstellen. Erkundigen Sie sich, ob Sie nicht sogar dazu verpflichtet sind.

Wenn Sie Ihren Anhang zusammenstellen, beschränken Sie sich auf wirklich wichtiges Material (ausgenommen natürlich, Ihr Dozent oder das Prüfungsamt verlangen die vollständige Wiedergabe aller verwendeten Internetquellen). Drucken Sie nur das Material ab, das für das Verständnis Ihrer Arbeit von zentraler Bedeutung ist. Nennen Sie ggf. eine Quelle stellvertretend für alle anderen, z.B. einen Spendenaufruf einer Organisation repräsentativ für die übrigen fünf Spendenaufrufe in gleicher Sache.

Sind Sie sich unsicher, ob ein Anhang sinnvoll ist und was in Ihren Anhang hinein soll, halten Sie Rücksprache mit Ihrem Dozenten. Ist geklärt, was Sie in Ihrem Anhang präsentieren wollen, bringen Sie Ihren Anhang in eine leserfreundliche Form, d.h.:

▸ Leiten Sie Ihren Anhang mit einem separaten Deckblatt mit der Aufschrift „Anhang" ein.

▸ Enthält Ihr Anhang viele verschiedene Quellen, fügen Sie nach dem Deckblatt ein Inhaltsverzeichnis ein, in dem Sie einen Überblick über Ihren Anhang geben.

▸ Präsentieren Sie Ihr Material geordnet und übersichtlich. Packen Sie nicht einfach alles hintereinander, sondern sortieren Sie Ihr Material entsprechend der Wichtigkeit oder der Reihenfolge, in der Sie sich in Ihrer Arbeit darauf beziehen.

▸ Versehen Sie Ihr Material mit Überschriften, damit Ihr Leser weiß, worum es sich handelt.

Geben Sie außerdem nach bewährtem Muster der Quellenangaben möglichst exakte Hintergrundinformationen (z.B. „Grundriss erstellt nach der Beschreibung von..."). Achten Sie bei Internetquellen darauf, dass die Adresse und das Zugriffsdatum ersichtlich sind und die Quelle als Kopie beigelegt ist .

Haben Sie Ihren Anhang soweit ausgearbeitet, fügen Sie diesen an das Ende Ihrer Arbeit an Ihr Literaturverzeichnis an. Die Seiten Ihres Anhangs können Sie wahlweise im Anschluss an Ihr Literaturverzeichnis fortlaufend durchnummerieren oder mit separaten römischen Ziffern versehen.

Das Wichtigste in Kürze

Arbeiten Sie die noch fehlenden Bestandteile Ihrer Arbeit aus, berücksichtigen Sie die Anforderungen Ihres Prüfungsamtes, Ihres Dozenten und die Standards Ihres Fachbereichs. Sorgen Sie für ein klares, übersichtliches und leserfreundliches Erscheinungsbild der separaten Bestandteile Ihrer Arbeit.

Das Deckblatt gestalten

Oben auf Ihrem Deckblatt nennen Sie Ihre Uni und Ihren Fachbereich, in der Mitte Bezeichnung und Titel Ihrer Arbeit, links unten Ihren Erst- und Zweitleser. Verwenden Sie dabei die offiziellen Bezeichnungen. Rechts unten nennen Sie Ihren Namen, Matrikelnummer, Ort und Datum Ihrer Arbeit.

Das Inhaltsverzeichnis erstellen

In Ihr Inhaltsverzeichnis nehmen Sie sämtliche Bestandteile Ihrer Arbeit mit dazugehöriger Seitenangabe auf (ausgenommen das Deckblatt, das Inhaltsverzeichnis selbst und die abschließende Erklärung). Stellen Sie sicher, dass Ihre Überschriften aussagekräftig sind und untereinander in einem logischen Zusammenhang stehen.

Das Literaturverzeichnis ausarbeiten

In Ihrem Literaturverzeichnis nennen Sie alle Quellen, auf die Sie in Ihrer Arbeit verweisen. Dabei geben Sie immer an: Vor- und Zunamen des Verfassers bzw. Herausgebers, den vollständigen Titel, Erscheinungsort und -jahr. Außerdem nennen Sie bei unselbstständig erschienenen, schwer zugänglichen, unveröffentlichten und mündlichen Quellen alle Hintergrundinformationen, die Ihr Leser braucht, um die Quelle ausfindig zu machen. Sie ordnen Ihre Quellen entweder einfach alphabetisch oder Sie kategorisieren Ihre Quellen zuvor nach Ihrer Art und sortieren Sie dann alphabetisch.

Eine abschließende Erklärung formulieren

Fügen Sie entsprechend Ihrer Prüfungsordnung an das Ende Ihrer Arbeit eine offizielle und handschriftlich unterschriebene Erklärung bei, dass Sie die Arbeit selbstständig angefertigt haben und alle Quellen angeben.

Ein Abkürzungsverzeichnis erstellen

Hier nehmen Sie in alphabetischer Reihenfolge alle Abkürzungen auf, die Ihrem Leser nicht geläufig sind, die Sie mehrfach erwähnen und die wichtig für das Verständnis sind. Stellen Sie jeder Abkürzung den dazugehörigen Begriff gegenüber.

Ein Abbildungs- oder Tabellenverzeichnis anlegen

Enthält Ihre Arbeit viele Abbildungen (Tabellen), geben Sie in einem separaten Verzeichnis einen Überblick. Nummerieren Sie dazu die Abbildungen (Tabellen) Ihrer Arbeit durch. Nennen Sie in Ihrem Verzeichnis alle Abbildungen (Tabellen) mit Nummer, Titel und Seitenzahl.

Einen Anhang zusammenstellen

In Ihrem Anhang drucken Sie schwer zugängliches Material ab, das für das Verständnis Ihrer Arbeit wichtig ist. Beschränken Sie sich dabei auf ausgesuchtes Material (Ausnahme: Sie müssen seitens des Prüfungsamtes oder des Dozenten alle Internetquellen vollständig angeben.). Präsentieren Sie das Material in einer sinnvollen Reihenfolge und sorgen Sie für Überschriften und Quellenangaben.

Überblick

3.3. Korrektur lesen und Schlusslayout

In diesem Kapitel lesen Sie, wie Sie Ihre Arbeit in die endgültige Form bringen. Sie finden Checklisten für das Korrekturlesen und das Schlusslayout aller Teile, d.h. :

▸ Deckblatt

▸ Inhaltsverzeichnis

▸ Einleitung

▸ alle Kapitel

▸ Schlusswort

▸ Abkürzungsverzeichnis

▸ Abbildungs- und Tabellenverzeichnis

▸ Anhang

▸ Literaturverzeichnis

▸ abschließende Erklärung

Anhand der Checklisten können Sie Inhalt, Sprache, die formalen Aspekte und das Layout systematisch und umfassend überprüfen.

3.3. Korrektur lesen und Schlusslayout

Nun liegt die Rohfassung Ihrer Arbeit frisch ausgedruckt vor Ihnen und Sie können wirklich stolz auf sich sein: Das haben Sie geschafft! Alles, was Ihnen jetzt noch zu tun bleibt, ist Korrektur lesen und das endgültige Layout festzulegen.

Und auch wenn Ihr Abgabetermin bereits bedrohlich nahe gerückt ist: Behalten Sie einen kühlen Kopf. Statt am Ende vor lauter Hektik die Hälfte zu übersehen, machen Sie sich einen Zeitplan, organisieren Sie Unterstützung (s. Kap. 4.2., S. 228ff.) und gehen Sie möglichst gelassen ans Werk.

Für das Korrigieren selbst gilt: Zwei Paar Augen sehen mehr als eins. Lassen Sie deshalb noch jemanden anderen Ihre Arbeit begutachten. Das muss kein Fachmann in Bezug auf Ihr Thema sein, sondern vielmehr jemand, der Sie ergänzt und Ihre Arbeit aufmerksam und kritisch liest.

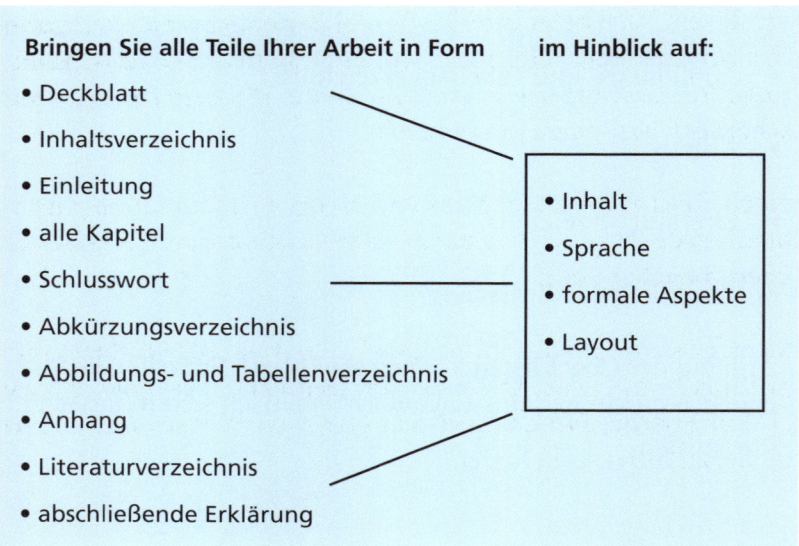

Am einfachsten gehen Sie systematisch mit Hilfe der Checklisten in diesem Kapitel vor. Zum Schluss müssen Sie sich schließlich noch Gedanken zu Ihrer Umschlaggestaltung machen, und dann endlich können Sie eine große Flasche Sekt öffnen.

Doch bevor Sie mit dem Korrekturlesen beginnen, verbannen Sie, wenn möglich, Ihre Arbeit für ein paar Tage völlig aus Ihren Gedanken. Gewinnen Sie Abstand. So verhindern Sie, dass Ihnen wichtige Dinge aus Betriebsblindheit entgehen.

Rennt Ihnen dagegen die Zeit davon, korrigieren Sie im Eilverfahren: Lesen Sie die untenstehenden Checklisten, damit Sie zumindest theoretisch wissen, worauf es ankommt. Dann gehen Sie Ihre gesamte Arbeit zumindest einmal ganz durch und konzentrieren sich dabei vorrangig auf die sachliche Richtigkeit und die Rechtschreibung. Alles andere berichtigen Sie, soweit Ihnen wirklich grobe Fehler ins Auge stechen.

Reicht die Zeit nicht einmal mehr dafür, arbeiten Sie die Nacht vor Ihrem Abgabetermin durch und berichtigen Sie wenigstens die wesentlichen Teile Ihrer Arbeit: Inhaltsverzeichnis, Einleitung, Schlusswort sowie die Abschnitte, die Ihren Leser wahrscheinlich besonders interessieren.

Noch eines grundsätzlich vorneweg: Seit 1. August 2006 gilt verbindlich die Neuregelung der deutschen Rechtschreibung in ihrer überarbeiteten Form.

So oder so sollten Sie sich niemals blind auf die Rechtschreibprüfung Ihres Computers verlassen, denn an einem Satz wie z.B. „Denn Frische, Fisch fanden ich Gut?" wird er wahrscheinlich nichts zu bemängeln finden.

Das Deckblatt überprüfen

Begutachten Sie Ihr Deckblatt und stellen Sie fest:

☐ Angaben vollständig und richtig?
Enthält Ihr Deckblatt sämtliche Angaben, die das Prüfungs-
amt verlangt? Haben Sie die offiziellen und vollständigen
Bezeichnungen für Ihre Uni etc. verwendet?

☐ Rechtschreibung und Layout in Ordnung?
Stimmt die Rechtschreibung? Entspricht die optische Gestaltung Ihres Deckblatts den Prüfungsvorschriften bzw. den Standards Ihres Fachbereichs? (Näheres zum Deckblatt vgl. Kap.
3.2., S. 171f.)

Inhaltsverzeichnis berichtigen

Ihr Inhaltsverzeichnis ist zugleich auch die Visitenkarte Ihrer
Arbeit und sollte wirklich einwandfrei sein. Überprüfen Sie Ihr
Inhaltsverzeichnis deshalb besonders sorgfältig:

☐ Überschrift korrekt?
Ist Ihr Inhaltsverzeichnis mit „Inhalt" oder „Inhaltsverzeichnis" übertitelt?

☐ Angaben vollständig und richtig?
Haben Sie wirklich alle Teile Ihrer Arbeit (ausgenommen
Deckblatt, das Inhaltsverzeichnis selbst und die abschließende
Erklärung) angeführt? Stimmen die Überschriften im Inhalts-
verzeichnis mit den Überschriften in der Arbeit wortwörtlich
überein? Sind die angegebenen Seitenzahlen korrekt?

☐ Ansprechende Formulierungen und fehlerfreie Rechtschreibung?
Sind die einzelnen Überschriften aussagekräftig und interessant formuliert? Stehen die Überschriften in einem logischen Zusammenhang untereinander? Bilden die Überschriften Ihres Inhaltsverzeichnisses als Gesamtes gelesen eine Kurzzusammenfassung Ihrer Arbeit? Ist die Rechtschreibung in Ordnung?

☐ Ausgereiftes Layout?
Wirkt Ihr Inhaltsverzeichnis klar und übersichtlich? Kann sich Ihr Leser schnell orientieren, wo was zu finden ist? (Genaueres zum Inhaltsverzeichnis finden Sie in Kapitel 3.2., S. 172ff.)

Einleitung und Schlusswort korrigieren

Einleitung und Schlusswort zählen ebenfalls mit zu den wichtigsten Teilen Ihrer Arbeit. Ihr Leser wird beides intensiv und vielleicht sogar mehrmals lesen. Bringen Sie Beginn und Ende Ihrer Arbeit dementsprechend in Bestform. Auch wenn es Ihre letzten Nerven kostet – es lohnt sich. Um wirklich genau zu sein, gehen Sie Einleitung und Schlusswort am besten jeweils in drei Schritten unter verschiedenen Schwerpunkten durch:

Betrachten Sie Ihre Einleitung und Ihr Schlusswort als Ganzes
☐ Alles Wichtige vollständig und richtig enthalten?
Beinhaltet Ihre Einleitung die Punkte „Thema der Arbeit", „Begründung für das Thema", „Vorgehensweise" sowie „Vorab unbedingt Wissenswertes"? Stimmt das, was Sie in Ihrer Einleitung ankündigen, mit dem Inhalt Ihrer Arbeit überein? Enthält Ihr Schlusswort die Punkte „Rückblick über die

Arbeit", „Ergebnisse", „Konsequenzen"? Entspricht das, was Sie hier darlegen, auch tatsächlich Ihrer Untersuchung? Sind außerdem die Konsequenzen, die Sie aus Ihren Ergebnissen ableiten, wohlbegründet?

☐ Übereinstimmung von Einleitung und Schlusswort?
Beziehen sich Einleitung und Schlusswort aufeinander und bilden zusammen eine Kurzfassung Ihrer Arbeit? Sind Einleitung und Schlusswort stilistisch einheitlich?

☐ Logischer Aufbau?
Präsentieren Sie die einzelnen Gesichtspunkte in einer schlüssigen Reihenfolge?

☐ Angemessene Länge?
Steht die Länge Ihrer Einleitung und Ihres Schlusswortes in einem ausgewogenen Verhältnis zum Umfang Ihrer Arbeit?

Überprüfen Sie Ihre Einleitung und Ihr Schlusswort Absatz für Absatz

☐ Exakte und ansprechende Darstellung?
Sind auch komplizierte Sachverhalte sowohl präzise als auch anschaulich erklärt? Erklären Sie ausführlich genug? Fassen Sie sich dabei zugleich so kurz, dass Sie nicht durch langatmige Beschreibungen langweilen?

☐ Angemessene Überleitungen und Absätze?
Wenn Sie zu einem neuen Punkt kommen, machen Sie den Übergang durch entsprechende Formulierungen klar? Kündigen Sie jeden Gedankenwechsel auch mit einem Absatz an?

Gehen Sie in die Details von Einleitung und Schlusswort

☐ Korrekte Überschrift und ansprechender Aufmacher?
Falls vorhanden: Stimmt die Kopfzeile Ihrer Einleitung? Ist Ihre Einleitung mit „Einleitung" übertitelt? Falls Sie der Einleitung ein Zitat voranstellen: Ist das Zitat passend? Machen die ersten Sätze Ihrer Einleitung neugierig, weiterzulesen? Für den Fall, dass Sie Kopfzeilen verwenden: Stimmt die Kopfzeile Ihres Schlusswortes? Ist Ihr Schlusswort mit einer Überschrift (z.B. „Schlusswort", „Fazit", „Resümee") übertitelt? Entspricht diese Überschrift dem inhaltlichen Schwerpunkt Ihres Schlusswortes? Falls Sie Ihr Schlusswort mit einem vorangestellten Zitat einleiten: Passen Zitat und Schlusswort zueinander?

☐ Verständliche Formulierungen und tadellose Rechtschreibung?
Sind die einzelnen Sätze überschaubar? (Keine Bandwurmsätze!) Ist Ihre Wortwahl verständlich, klar und abwechslungsreich? Achten Sie darauf, ob Sie nicht bestimmte Lieblingsformulierungen entwickelt haben, die Sie immer wieder verwenden. Sind die Sätze grammatikalisch einwandfrei, vor allem auch die Übergänge von Ihrem Text und Zitaten? Stimmen Rechtschreibung und Zeichensetzung?

☐ Korrekte und einheitliche Quellenangaben?
Nennen Sie in Ihrer Einleitung immer, wenn Sie sich auf die Aussagen anderer beziehen und wenn Sie zitieren, die entsprechende Quelle? In Ihrem Schlusswort dagegen müssen Sie nur dann auf eine Quelle verweisen, wenn Sie etwas völlig Neues besprechen und sich nicht auf Ihre Arbeit beziehen, oder wenn Sie zitieren. (Sie erinnern sich? Vgl. Kap. 3.1., S. 163). Halten Sie sich mit Ihren Quellenangaben daran? Dann überprüfen Sie penibel jede Quellenangabe Ihrer Einleitung und Ihres Schlusswortes:

▸ Stimmen Ihre einzelnen Quellenangaben in allen Details? (Heißt z.B. „Hinrich Stock" tatsächlich „Hinrich" oder nicht doch „Heinrich"?)

▸ Nennen Sie alle notwendigen Informationen? Nennen Sie bei allen Quellen derselben Art konsequent dieselben Hintergrundinformationen?

▸ Sind alle Quellenangaben (Reihenfolge der Informationen, Abkürzungen, Satzzeichen, Druckbild) nach demselben Schema gestaltet?

▸ Für den Fall, dass Sie Fußnoten verwenden: Stehen auf jeder Seite unten die zu dieser Seite zugehörigen Fußnoten? Stimmt die Nummerierung der einzelnen Fußnoten? Falls Sie durch „a. a. O." oder „vgl." auf vorangegangene Fußnoten verweisen, sind diese Verweise korrekt?

(Zu den Quellenangaben s. auch Kap. 2.3., S. 118ff.)

☐ Vorschriftsmäßiges und leserfreundliches Erscheinungsbild? Entspricht das Layout Ihrer Einleitung und Ihres Schlusswortes den Vorgaben des Prüfungsamtes (z.B. Rand) und den Standards Ihres Fachbereichs? Haben Sie besondere grafische Mittel zur Hervorhebung eingesetzt (z. B. alle Zitate im Kursivdruck): Verwenden Sie diese Mittel in Ihrer Einleitung / Ihrem Schlusswort und in allen anderen Teilen Ihrer Arbeit durchgängig nach denselben Prinzipien? (Alles Nähere zu Einleitung und Schlusswort finden Sie in Kap. 3.1., S. 148ff.)

Kapitel für Kapitel in die endgültige Form bringen

Machen Sie sich daran, die einzelnen Kapitel Ihrer Arbeit zu korrigieren, geht es nicht darum, dass Sie Ihre Arbeit noch einmal neu schreiben. Natürlich ist man hinterher immer schlauer als vorher. Doch wollen Sie Ihre Diplomarbeit nicht zu Ihrem Lebenswerk machen, müssen Sie einmal einen Schlussstrich ziehen. Und unter diesem Vorzeichen sollten Sie sich an Ihre Korrekturen begeben.

Wie intensiv Sie Kapitel für Kapitel Ihrer Arbeit überprüfen, hängt sowohl von Ihrer Zeit ab als auch davon, wie ausgereift Ihre Rohfassung bereits ist. Am besten nehmen Sie zu Beginn ein Kapitel Ihrer Arbeit anhand der unten stehenden Checkliste penibel unter die Lupe. Finden Sie heraus, wo die Schwachstellen Ihrer Arbeit liegen und welche Aspekte Sie nicht mehr großartig berichtigen müssen. Alle weiteren Kapitel betrachten Sie dann mit entsprechenden Prioritäten. Die einzelnen Kapitel Ihrer Arbeit korrigieren Sie wie Einleitung und Schlusswort am einfachsten in jeweils drei Etappen.

Bewerten Sie Ihr jeweiliges Kapitel insgesamt
☐ Einleuchtende Thematik?
   Gehört das Thema des Kapitels wirklich zum Gesamtthema Ihrer Arbeit? Ist dieses Kapitel an dieser Stelle der Arbeit logisch? Besteht ein einleuchtender Zusammenhang zwischen diesem, dem vorangegangen und / oder dem anschließenden Kapitel? Machen Sie diesen Zusammenhang auch in den ersten oder letzten Sätzen klar?

☐ Schlüssige Gliederung?
   Präsentieren Sie die einzelnen Gesichtspunkte Ihres Kapitels in einer nachvollziehbaren, logischen Reihenfolge? Machen Sie den Aufbau Ihres Kapitels klar durch einleitende, überleitende und abschließende Bemerkungen?

Beleuchten Sie Ihr jeweiliges Kapitel Absatz für Absatz

☐ Alle Aussagen richtig und angebracht?
Sind Ihre einzelnen Aussagen sachlich richtig? Kontrollieren
Sie auch alle grafischen Darstellungen und Ihre Berechnun-
gen. Gehören die einzelnen Aussagen auch wirklich zum
Thema des Kapitels?

☐ Exakte und interessante Darstellung?
Sind die Dinge genau und zugleich anschaulich und interessant dargelegt? Entspricht die Ausführlichkeit bzw. Kürze der
Erklärungen der Sache und dem Leser? Ergänzen sich Text
und grafische Darstellungen optimal?

☐ Ausreichende und sinnvolle Absätze?
Steht bei jedem Gedankenwechsel ein Absatz, bei jedem Themenwechsel ein Abschnitt?

☐ Grafische Darstellungen einwandfrei?
Sind Inhalt, Form und Text Ihrer Grafiken in Ordnung?

Checken Sie die Details Ihres jeweiligen Kapitels

☐ Kopfzeile und Überschrift in Ordnung?
Falls Sie Kopfzeilen verwenden: Stimmen Kopfzeile und Kapi-
tel überein? Trifft die Überschrift den Inhalt Ihres Kapitels?
Stimmt die Nummerierung Ihrer Überschrift?

☐ Einheitlicher Anfang aller Kapitel?
Wenn Sie die einzelnen Kapitel (oder Oberkapitel) Ihrer
Arbeit mit einem vorangestellten Zitat oder einer separaten
Vorbemerkung einleiten, halten Sie diese Form konsequent
bei jedem Kapitel (Oberkapitel) ein? (Näheres dazu Kap. 2.2.,
S. 104f.)

☐ Verständliche und korrekte Ausdrucksweise?
Sind Ihre Sätze klar und grammatikalisch einwandfrei? Sind auch die Übergänge von Text und Zitaten in Ordnung? Verwenden Sie konsequent das Präsens, ausgenommen, Sie wollen das Historische einer Aussage betonen? Sind Ihre Formulierungen verständlich, genau und abwechslungsreich? Haben Sie Aussagen anderer, die Sie nicht zitieren, auch tatsächlich neu formuliert? Oder erkennen Sie Versatzstücke anderer wieder? (Ihr Leser vielleicht auch!) Last but not least: Stimmen Rechtschreibung und Zeichensetzung? Vergessen Sie Ihre Zwischenüberschriften, Bildüber- und -unterschriften und Aufzählungen nicht.

☐ Quellenangaben vollständig und einwandfrei?
Nennen Sie bei allen Zitaten die Quelle? Geben Sie außerdem wirklich ausnahmslos bei allen Informationen, die sich auf die Aussagen anderer gründen, eine Quelle an? Ebenso bei allen grafischen Darstellungen? Dann, auch wenn es ein Geduldsspiel ist, überprüfen Sie jede einzelne Quellenangabe genau:

▸ Sind die einzelnen Angaben vollständig?

▸ Nennen Sie zur selben Quellensorte auch stets dieselben Informationen?

▸ Entsprechen alle Quellenangaben innerhalb Ihrer gesamten Arbeit einem einheitlichen Muster (Reihenfolge der Informationen, Abkürzungen, Satzzeichen, Layout)?

▸ Falls Sie Fußnoten verwenden: Stimmt die Fußnotennummerierung im Text mit den Fußnoten unten auf der Seite überein? Sind eventuelle Verweise auf andere Fußnoten korrekt?

(Zu den Quellenangaben s. Kap. 2.3., S. 118ff.)

☐ Layout in Ordnung?
Entspricht das äußere Erscheinungsbild Ihres Kapitels (Rand, Schrift) den Vorgaben des Prüfungsamtes und den Gepflogenheiten Ihres Fachs? Setzen Sie in jedem Kapitel stets dieselben grafischen Mittel zur Hervorhebung derselben Dinge ein? Sind z.B. durchgängig tatsächlich alle Überschriften unterstrichen? Sind alle Aufzählungen mit einheitlichem Aufzählungszeichen versehen? Achten Sie bei der Schlussformatierung außerdem darauf:

▸ dass alle Abstände (Kopfzeile - Text, Fußzeile - Text, Überschriften - Text, Text - Bild) einheitlich sind;

▸ dass Ihre Grafiken und Aufzählungen nicht durch Seitenwechsel auseinandergerissen werden;

▸ dass Ihre Seite nicht mit einer Überschrift endet.

Abkürzungsverzeichnis unter die Lupe nehmen

Ihr Abkürzungsverzeichnis fällt, wie alle separaten Teile Ihrer Arbeit, besonders ins Auge. Sorgen Sie für einen guten Eindruck. Zumal es im Grunde keine große Sache ist, Ihr Abkürzungsverzeichnis in eine einwandfreie Form zu bringen. Prüfen Sie:

☐ Platzierung in der Arbeit in Ordnung?
Haben Sie Ihr Abkürzungsverzeichnis entsprechend den Bedürfnissen Ihres Lesers und den Standards Ihres Fachs zu Beginn oder zum Schluss Ihrer Arbeit platziert?

☐ Überschrift vorhanden?
Ist Ihr Abkürzungsverzeichnis mit „Abkürzungsverzeichnis", „Abkürzungen" o.Ä. übertitelt?

☐ Alle erklärungsbedürftigen Abkürzungen in korrekter Form angeführt?
Enthält Ihr Abkürzungsverzeichnis tatsächlich alle Abkürzungen, die für Ihre Arbeit von Bedeutung sind, und die – wichtig! – Ihrem Leser nicht geläufig sind? Sind die Abkürzungen alphabetisch geordnet? Stimmen die Erläuterungen der Abkürzungen? Auch die Rechtschreibung?

☐ Klares Layout?
Ist Ihr Abkürzungsverzeichnis übersichtlich und ansprechend aufgemacht? Unterschätzen Sie nicht den Einfluss der Optik einzelner Teile auf die Gesamtwirkung Ihrer Arbeit.

(Alles zum Abkürzungsverzeichnis finden Sie in Kap. 3.2., S. 191f.)

Abbildungs- und Tabellenverzeichnis korrigieren

Geben Sie Ihrem Abbildungsverzeichnis und / oder Tabellenverzeichnis den letzten Schliff, überprüfen Sie:

☐ Überschrift vorhanden?
Ist Ihr Verzeichnis entsprechend mit „Abbildungsverzeichnis", „Abbildungen" o.Ä. (bzw. „Tabellenverzeichnis", „Tabellen" o.Ä.) überschrieben?

☐ Alle Abbildungen (Tabellen) vollständig und in einwandfreier Form genannt?
Beinhaltet Ihr Abbildungsverzeichnis (Tabellenverzeichnis) sämtliche Abbildungen (Tabellen) Ihrer Arbeit? In der Reihenfolge, in der sie in Ihrer Arbeit vorkommen? Stimmen Bezeichnung, Nummerierung und die Seitenangabe Ihrer Abbildungen (Tabellen)?

☐ Leserfreundliches Erscheinungsbild?
Wirkt Ihr Abbildungsverzeichnis (Tabellenverzeichnis) klar und wohl geordnet?

(Ausführliches zum Abbildungs- / Tabellenverzeichnis Kap. 3.2., S. 193f.)

Literaturverzeichnis korrigieren

Wollen Sie mit einem perfekten Literaturverzeichnis glänzen, brauchen Sie beim Korrekturlesen vor allem eins: Geduld. Denn hier steckt der Teufel oft im Detail. Aber bevor Ihr Leser nachher ausgerechnet über die eine Literaturangabe stolpert, bei der das Erscheinungsdatum fehlt, lohnt es sich doch, dass Sie Ihr Literaturverzeichnis einer kritischen Betrachtung unterziehen:

☐ Überschriften in Ordnung?
Ist Ihr Literaturverzeichnis mit „Literaturverzeichnis", „Literatur" o.Ä. überschrieben? Falls Ihr Literaturverzeichnis in verschiedene Kategorien unterteilt ist: Sind die Kategorien in Ordnung?

☐ Alle Quellen vollzählig genannt?
Enthält Ihr Literaturverzeichnis sämtliche Quellen, auf die Sie sich in den Quellenangaben Ihrer Arbeit beziehen? Gleichen Sie im Zweifelsfall Seite für Seite Ihrer Arbeit mit Ihrem Literaturverzeichnis ab.

☐ Quellen in korrekter Reihenfolge?
Sind Ihre Quellen alphabetisch entsprechend des Nachnamens des Verfassers geordnet? Haben Sie Ausnahmefälle wie z.B. Verfasser mit Namenszusatz „von" einheitlich nach einem Prinzip eingeordnet (z.B. das „von" immer hinter dem Zunamen)?

☐ Informationen zu den einzelnen Quellen vollständig, richtig und einheitlich?
Nennen Sie bei allen selbstständig erschienenen Quellen immer mindestens Verfasser, Titel der Quelle, Erscheinungsort und -jahr? Nennen Sie bei allen unselbstständig erschienenen, schwer zugänglichen und mündlichen Quellen alle zusätzlichen Informationen, die Ihr Leser braucht, um an diese Quelle heranzukommen? Stimmen alle Informationen? Auch wenn es verlockend ist, ergänzen Sie fehlende Informationen nicht einfach aufs Geratewohl, denn womöglich hat Ihr Leser gerade dieses Buch erst neulich gelesen und entdeckt sofort, dass die Seitenangabe „S. 503-514" auf keinen Fall stimmen kann, da das Buch nur 200 Seiten hat. Führen Sie zur selben Art Quelle auch stets dieselben Hintergrundinformationen in der gleichen Reihenfolge und der gleichen Aufmachung (Abkürzungen, Satzzeichen, Druckbild) an? Ist die Rechtschreibung einwandfrei?

☐ Angemessenes Layout?
Ist Ihr Literaturverzeichnis überschaubar und klar gegliedert? Findet Ihr Leser auf Anhieb die Quelle, die er sucht?

(Details zum Literaturverzeichnis Kap. 3.2., S. 176ff.)

Anhang überprüfen

Bringen Sie den Anhang Ihrer Arbeit in Form, stellen Sie sicher:

☐ Vorsatzblatt und Inhaltsverzeichnis tadellos?
Haben Sie Ihrem Anhang ein separates Blatt mit der Aufschrift „Anhang" vorangestellt? Enthält Ihr Anhang außerdem zusätzlich ein Inhaltsverzeichnis: Sind die Überschriften, Seitenangaben und das Layout in Ordnung?

☐ Inhalt einwandfrei?
Bildet das Material Ihres Anhangs eine sinnvolle Ergänzung zu Ihrer Arbeit? Falls Sie dazu verpflichtet sind, Ihre Internetquellen im Anhang abzudrucken: Sind alle Quellen vollständig präsent? Ist das Material selbst tadellos, z.B. Qualität abgedruckter Fotos, Rechtschreibung etc.? Steht der Umfang Ihres Anhangs in einem angemessenen Verhältnis zum Umfang Ihrer Arbeit?

☐ Präsentation des Materials in Ordnung?
Drucken Sie Ihr Material in einer schlüssigen und überschaubaren Reihenfolge ab? Sind die einzelnen Materialien mit einer Überschrift versehen, die klar macht, worum es geht? Nennen Sie außerdem alle notwendigen Hintergrundinformationen nach dem bewährten Schema der Quellenangaben?

(Einzelheiten zum Anhang finden Sie in Kap. 3.2., S. 194f.)

Abschließende Erklärung Korrektur lesen

Und damit auch wirklich alles in Ordnung ist, überprüfen Sie auch noch Ihre abschließende Erklärung:

☐ Überschrift und Text fehlerfrei?
Entspricht die Überschrift und der Text Ihrer Erklärung den Vorschriften Ihres Prüfungsamtes bzw., falls keine Vorschriften vorhanden, den Standards Ihres Fachbereichs? Stimmt das angegebene Datum? Rechtschreibung und Zeichensetzung einwandfrei?

☐ Erklärung unterschrieben?
Nicht zu vergessen: Haben Sie Ihre Erklärung eigenhändig unterschrieben?

(Zur abschließenden Erklärung s. Kap. 3.2., S. 190f.)

Das war's. Jetzt müssen Sie ihre Arbeit noch binden lassen und dann endlich können Sie abgeben.

Wählen Sie einen Umschlag für Ihre Arbeit aus, berücksichtigen Sie dabei:

▸ Sie möchten Ihre Arbeit vielleicht einmal voller Stolz Ihren Enkeln und Urenkeln präsentieren. Oder einfach nur in zwei Jahren einem potentiellen Arbeitgeber. So oder so, bevorzugen Sie einen möglichst robusten und haltbaren Umschlag, evtl. mit zusätzlichem durchsichtigem Schutzumschlag.

▸ Mit Ihrem Umschlag demonstrieren Sie zugleich den Anspruch Ihrer Arbeit. Mit einem Umschlag in gedecktem Weinrot oder Grau signalisieren Sie vor allem Seriosität – mit einem knallgelben Umschlag dagegen eher Kreativität. Ein violetter Umschlag kann bei einer Arbeit mit feministischem Thema durchaus angemessen sein, bei einem handelswirtschaftlichen Thema dagegen völlig daneben. Überlegen Sie genau, was zu Ihrer Arbeit passt.

Und dann: Viel Glück!

Das Wichtigste in Kürze

Bevor Sie Ihre Arbeit abgeben, überprüfen Sie und möglichst noch ein anderer Leser:

Deckblatt

Sind die Angaben vollständig und richtig? Rechtschreibung und Layout einwandfrei?

Inhaltsverzeichnis

Korrekt übertitelt? Stimmen die angegebenen Kapitel und Seitenzahlen mit Ihrer Arbeit überein? Überschriften treffend und interessant formuliert? Rechtschreibung o.k.? Leserfreundliches Layout?

Einleitung und Schlusswort

▸ Betrachten Sie Einleitung und Schlusswort als Ganzes: Alle wesentlichen Punkte in schlüssiger Reihenfolge enthalten? Bilden Einleitung und Schlusswort inhaltlich und stilistisch eine Einheit? Ist der Umfang von beiden angemessen?

▸ Überprüfen Sie Absatz für Absatz: Exakte und ansprechende Darstellung? Sinnvolle Überleitungen und Absätze?

▸ Korrigieren Sie die Details: Überschrift und Aufmacher in Ordnung? Verständliche Ausdrucksweise und fehlerfreie Rechtschreibung? Quellenangaben vollständig, richtig und einheitlich? Layout ordnungsgemäß und übersichtlich?

Alle einzelnen Kapitel Ihrer Arbeit

Finden Sie vorneweg heraus, auf was Sie besonders achten sollten, indem Sie repräsentativ ein Kapitel penibel unter die Lupe nehmen. Dann überprüfen Sie die Kapitel Ihrer Arbeit nach ähnlichen Kriterien wie Einleitung und Schlusswort in drei Schritten.

Literaturverzeichnis

Sämtliche Quellen vollständig und alphabetisch geordnet aufgenommen? Überschriften korrekt? Alle Angaben im Detail vollständig, richtig und nach einheitlichem Prinzip? Gesamtlayout o.k.?

Abkürzungsverzeichnis

Sinnvoll platziert? Richtig übertitelt? Alle erklärungsbedürftigen Abkürzungen vollzählig, mit korrekter Erläuterung und alphabetisch geordnet aufgenommen? Optisch ansprechend?

Abbildungsverzeichnis / Tabellenverzeichnis

Überschrift vorhanden? Sämtliche Abbildungen (Tabellen) in der Reihenfolge Ihres Erscheinens in der Arbeit aufgeführt? Alle Detailangaben o.k.? Übersichtliches Layout?

Anhang

Vorsatzblatt und ggf. Inhaltsverzeichnis in Ordnung? Material sinnvoll bzw. vorschriftsmäßig zusammengestellt? Material selbst tadellos? Übersichtlich und mit allen notwendigen Informationen präsentiert?

Abschließende Erklärung

Vorschriftsmäßiger Text in einwandfreier Rechtschreibung?
Eigenhändig unterschrieben?

4. Hilfe!

Überblick

4.1. Die große Krise – Nichts geht mehr

Wenn Sie nicht mehr ein noch aus wissen: Lesen Sie dieses Kapitel, bevor Sie voreilig aufgeben und Ihren Entschluss später bitter bereuen. Hier finden Sie:

▸ Wie Sie Schreibprobleme beseitigen können

▸ Wie Sie allgemeine Schaffenskrisen überwinden können

4.1. Die große Krise – Nichts geht mehr

Und dann auf einmal ist er da: Der Tag X, an dem Sie angesichts Ihrer Unterlagen eine tiefe Verzweiflung überkommt und Sie ernsthaft daran denken, Ihre Diplomarbeit einfach abzubrechen. Doch halt – bevor Sie sich zu einem solchen drastischen Schritt entschließen, gehen Sie Ihrer Krise auf den Grund:

Worauf beruht Ihre Krise?

▸ Kämpfen Sie mit Schreibproblemen?
So sehr Sie sich auch bemühen, es gelingt Ihnen einfach nicht, etwas Lesbares zu Papier zu bringen?

▸ Befinden Sie sich in einer allgemeinen Schaffenskrise?
Das bislang Erarbeitete scheint Ihnen belanglos und falsch und Sie wissen weder vor noch zurück?

Dann retten Sie, was zu retten ist.

Beseitigen Sie Ihre Schreibprobleme

Haben Sie Schwierigkeiten damit, Ihre Gedanken in eine vernünftige Form zu bringen, finden Sie heraus: Woran liegt's? Dann ergreifen Sie gezielte Gegenmaßnahmen.

■ **Beherrschen Sie Ihre Materie nicht ausreichend?**
Gehen Sie in sich: Ist Ihnen Ihre Materie tatsächlich bis in alle Einzelheiten klar? Steht Ihnen genau vor Augen, was Sie mitteilen wollen? Oder sind Ihre Schreibschwierigkeiten bei genauerer Betrachtung nicht eher Verständnisschwierigkeiten?

Abhilfe:

Simpel, aber wirkungsvoll: Machen Sie sich gründlich mit Ihrer Materie vertraut, bevor Sie mit dem Schreiben beginnen! Erst wenn Ihnen die Dinge, die Sie darstellen wollen, wirklich klar sind, machen Sie sich ans Schreiben.

■ **Ist die Zielsetzung Ihrer Arbeit nicht eindeutig?**
Ist Ihnen die Fragestellung Ihrer Arbeit präsent? Möglicherweise haben Sie zwar Ihre Materie im Detail verstanden, aber der übergeordnete Rahmen ist diffus. Ihnen fehlt der rote Faden durch Ihre Arbeit.

Abhilfe:

Nehmen Sie noch einmal das Thema Ihrer Arbeit und Ihre Gliederung zur Hand: Liegt Ihrer Arbeit eine klare Fragestellung zugrunde? Was wollen Sie mit welcher Zielsetzung untersuchen? (S. auch Kap. 1.2., S. 30ff. und Kap. 2.1., S. 81ff.). Im Zweifelsfall besprechen Sie sich noch einmal mit Ihrem Dozenten.

■ **Setzen Sie sich mit zu hohen Ansprüchen unter Druck?**
Macht Sie schon allein die Tatsache, dass Sie plötzlich eine wissenschaftliche Arbeit schreiben sollen, so nervös, dass Ihnen die Worte im Computer stecken bleiben? Oder soll Ihre Arbeit womöglich die Grundlage für eine spätere Veröffentlichung sein? Und dabei mindestens ebenso gut formuliert wie die Publikationen Ihres großen Vorbildes, Prof. XY?

Abhilfe:

Konzentrieren Sie sich darauf, Ihre Materie verständlich und formal einwandfrei darzulegen. Blenden Sie das Drumherum Ihrer Arbeit aus. Lassen Sie sich weder von dem Titel „Diplomarbeit" übermäßig beeindrucken, noch von großen Vorbildern, die meist auch Jahre gebraucht haben, bis sie ihren Stil gefunden haben. Sie gehen so sorgfältig und gut ans Werk, wie es Ihnen möglich ist.

■ **Fehlt Ihnen die Routine?**

Es gelingt Ihnen einfach nicht, Ihre Gedanken in einer logischen Reihenfolge zu präsentieren? Zudem erscheinen Ihnen Ihre Sätze hölzern und unverständlich und in jedem zweiten Absatz verwenden Sie dieselben Formulierungen?

Abhilfe:

Gehen Sie das Schreiben systematisch an. Legen Sie erst fest, was Sie in welcher Reihenfolge mitteilen wollen. Danach formulieren Sie Ihr Kapitel aus. Stellen Sie sich hierzu einen fiktiven Leser vor und halten Sie sich an die fünf goldenen Regeln für das Schreiben einer Diplomarbeit (s. Kap. 2.2., S. 100). Heften Sie sich die Regeln an Ihren Bildschirm oder sonst wie gut sichtbar an Ihren Arbeitsplatz. Besorgen Sie sich außerdem ein gescheites Lexikon oder benutzen Sie die Synonyme-Funktion Ihrer Textverarbeitung (in MS Word über Rechtsklick auf das Wort). Und: Engagieren Sie frühzeitig jemanden, der Ihr Geschriebenes wohlwollend kritisch Korrektur liest. Dann beginnen Sie einfach, ohne jeden Satz auf die Goldwaage zu legen. Gehen Sie davon aus, dass Sie im Laufe der Zeit immer besser werden.

Überwinden Sie Ihre Schaffenskrise

Haben Sie nicht bloß mit Schreibproblemen zu kämpfen, sondern wissen grundsätzlich nicht mehr ein noch aus – verzweifeln Sie nicht! Fast jeder erreicht im Verlauf seiner Diplomarbeitszeit einmal seinen persönlichen Nullpunkt. Und die meisten schaffen es, diesen Punkt zu überwinden. Dazu finden Sie zunächst einmal heraus, was Ihre Krise ausmacht – dann starten Sie einen Neuanfang. Auch wenn es sich vielleicht einfacher anhört als es ist.

■ **Befinden Sie sich in einer Krise, weil Ihre bisherigen Ergebnisse einfach nicht überzeugen?**
Sie sind äußerst unzufrieden mit dem Stand der Dinge, wissen aber nicht, woran es liegt? Ihnen ist einfach nicht klar, wie Sie weitermachen sollen, was Sie in Zukunft anders machen sollten?

Dann:

1. Analysieren Sie, was Sie bislang erreicht haben
Ziehen Sie eine Zwischenbilanz: Schreiben Sie eine kurze provisorische Einleitung, in der Sie Ihr Thema und Ihre geplante Vorgehensweise schildern. Dann stellen Sie stichwortartig die Ergebnisse Ihrer Recherchen, erste Gliederungsentwürfe (vorläufiges Inhaltsverzeichnis) sowie, falls schon vorhanden, Leseproben zu einem Dossier zusammen.

2. Beurteilen Sie Ihre bisherigen Ergebnisse
Sind Ihr Thema und Ihre damit verbundenen Fragestellungen eindeutig? Ihre geplante Vorgehensweise, Ihre Gliederung schlüssig? Ist Ihr bislang gefundenes Material ausreichend? Oder ertrinken Sie in nebensächlichen Quellen? Sind Ihre Leseproben ansprechend und formal einwandfrei geschrieben? Lassen Sie auch noch jemanden anderen Ihr Dossier bewerten. Am besten natürlich Ihren Dozenten, möglicherweise kann aber auch ein wissenschaftlicher Mitarbeiter Ihres Dozenten oder ein Kommilitone weiterhelfen.

3. Legen Sie gezielt eine neue Marschroute fest
Haben Sie herausgefunden, wo Ihre Schwachstellen liegen, setzen Sie genau an diesen Punkten an. Formulieren Sie eine klare Fragestellung (s. Kap. 1.2., S. 35ff.) für Ihre Untersuchung und entwerfen Sie eine schlüssige Gliederung (s. Kap. 2.1., S. 83ff.). Recherchieren Sie die noch fehlenden

Informationen bzw. trennen Sie sich von unnützem Material. Gehen Sie das Schreiben systematisch an und halten Sie sich beim Ausformulieren an die fünf goldenen Schreibregeln (s. Kap. 2.2., S. 100ff.).

■ **Liegt der Grund Ihrer Schaffenskrise darin, dass Ihre Arbeit Sie überfordert?**
Sie müssen sich morgens regelrecht an Ihren Schreibtisch quälen und haben doch abends das Gefühl, kaum etwas zustande gebracht zu haben?

Dann:
Ergründen Sie genauer, weshalb Ihnen Ihre Arbeit so schwer fällt und ergreifen Sie entsprechende Schritte:
▸ Sind Sie überfordert, weil Ihnen die fachliche Kompetenz fehlt?
Seien Sie ehrlich, mangelt es Ihnen möglicherweise an den fachlichen Grundlagen? Suchen Sie Unterstützung: Wer könnte helfen, die Materie zu verstehen? Und / oder: Formulieren Sie die Fragestellung Ihrer Arbeit so um, dass Sie möglichst wenig von der Materie einbringen müssen, die Ihnen Kopfzerbrechen bereitet.

▸ Sind Sie überfordert, weil Sie nicht bei der Sache sind? Um eine Diplomarbeit zu schreiben, brauchen Sie Zeit, Ruhe und Konzentration. Sind Sie gleichzeitig noch von anderen Dingen beansprucht, machen Sie am Ende nichts richtig. Setzen Sie Prioritäten. Entweder Sie widmen sich vorrangig Ihrer Arbeit, oder Sie stellen fest, dass es momentan Dringlicheres gibt und bemühen sich um eine Fristverlängerung.

▸ Sind Sie überfordert, weil Sie sich verzettelt haben?

Sie sitzen schon geraume Zeit an Ihrer Arbeit, Ihr Abgabe-termin liegt noch in weiter Ferne, aber Sie sind nun einfach an einem toten Punkt angelangt? Dann gehören Sie mögli-cherweise zu den Zeitgenossen, die erst eine Woche vor Klausurtermin mit dem Lernen beginnen und Ihnen fehlt jetzt eine klare, überschaubare Zeitvorgabe. Bevor Ihre Diplomarbeit zur Never-ending-Story ausufert: Erstellen Sie Ihren persönlichen Zeitplan mit eindeutigen Zielen, was wann fertig sein sollte (s. Kap. 2.1., S. 90f.).

Das Wichtigste in Kürze

Sind Sie mit Ihrem Latein am Ende: Gehen Sie Ihrer Krise auf den Grund und ergreifen Sie gezielte Gegenmaßnahmen.

Beseitigen Sie Ihre Schreibprobleme

Stellen Sie sicher, dass Sie Ihre Materie auch wirklich bis ins kleinste Detail verstanden haben. Machen Sie sich die übergeordnete Fragestellung Ihrer Arbeit deutlich. Setzen Sie sich nicht mit überzogenen Ansprüchen unter Druck. Gehen Sie das Schreiben systematisch an.

Überwinden Sie Ihre Schaffenskrise

Stagniert Ihre Arbeit, ziehen Sie eine Zwischenbilanz und verbessern Sie gezielt Ihre Schwachpunkte. Falls nötig, erstellen Sie einen festen überschaubaren Zeitplan. Sind Sie grundsätzlich überfordert, finden Sie heraus, ob dies an fehlenden Sachkenntnissen liegt, Sie von anderen Dingen zu sehr beansprucht sind oder Ihnen die Motivation fehlt, und schaffen Sie entsprechende Abhilfe.

Überblick

4.2. Wenn die Zeit rennt: Der Last-Minute-Plan
Läuft die Uhr ab und Sie sind längst nicht so weit, wie Sie eigentlich sein sollten: Bewahren Sie Ruhe. Und starten Sie Ihren persönlichen Last-Minute-Plan. In diesem Kapitel lesen Sie, worauf es dabei ankommt.

▸ Gewinnen Sie so viel Zeit wie möglich

▸ Nutzen Sie die verbliebene Zeit optimal

Dazu erhalten Sie sofort anwendbare Checklisten. Damit Sie Ihre Arbeit auch in letzter Sekunde noch erfolgreich beenden.

4.2. Wenn die Zeit rennt: Der Last-Minute-Plan

Ist Ihr Abgabetermin zum Greifen nah, Ihre Arbeit aber noch längst nicht fertig, verlieren Sie nicht die Nerven. Auch Sie schaffen in kürzester Zeit mehr, als Sie glauben. Erstellen Sie Ihren persönlichen Last-Minute-Plan:

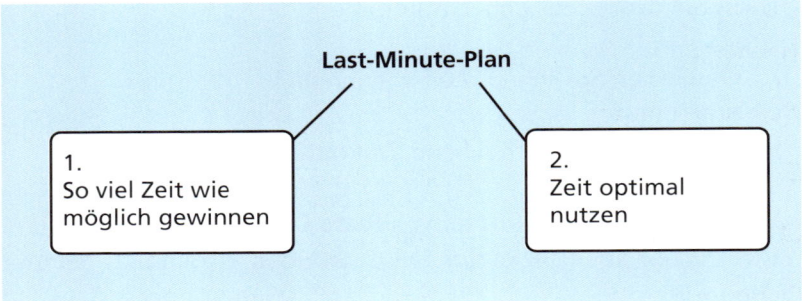

Gewinnen Sie so viel Zeit wie möglich

Die nahe liegendste Lösung: Sie versuchen Ihren Abgabetermin zu verschieben. Dazu allerdings müssen Sie Ihrem Prüfungsamt stichhaltige Gründe wie z.B. Krankheit, eine besondere familiäre Situation o.Ä. nachweisen. Hat Ihre Zeitnot fachliche Ursachen, sprechen Sie mit Ihrem Dozenten. Vielleicht können Sie auf informellem Weg fehlende Unterlagen nachreichen.

Kommt eine Verlängerung für Sie nicht in Frage und es wird sehr eng, loten Sie zur Sicherheit aus, wann Ihre Frist definitiv beendet ist. Mittags, mit Schließung des Prüfungsamtes? Oder reicht das Datum des Poststempels vom Stichtag?

Läuft der Countdown, sorgen Sie dafür, dass Sie sich allein auf Ihre Arbeit konzentrieren können. Gewinnen Sie kostbare Stunden, indem Sie sich möglichst von allen anderen Alltagspflichten freimachen. Nehmen Sie alle Unterstützung an, die Sie bekommen können – es geht um Ihren Abschluss.

Wie können Sie Zeit gewinnen?

Nebenjob

☐ Urlaub   ☐ unbezahlter Urlaub   ☐ krank melden

☐ Sonstiges ....

Kind(er)

Betreuung durch:

☐ anderen Elternteil   am .... von........ bis ....

☐ Großeltern / Familie   am .... von........ bis ....

☐ Freunde   am .... von........ bis ....

☐ Andere...

☐ Außerdem ....

Haustier(e)

☐ Versorgen (Füttern, Spazierengehen etc.) ....

☐ Sonstiges ....

Haushalt

☐ Einkaufen............................   ☐ Kochen...............................

☐ Wäsche................................   ☐ Wohnung...........................

☐ Weiteres...

Weitere Verpflichtungen

☐ Absagen   ☐ Verschieben   ☐ Vertretung suchen

Und nicht vergessen:...

Nutzen Sie die verbleibende Zeit optimal

Auch wenn es fünf vor zwölf ist: Behalten Sie die Nerven. Mit Panik ist Ihnen nicht gedient, im Gegenteil. Jetzt kommt es darauf an, dass Sie Ihre letzten Tage und Ihre Kräfte bestmöglich ausschöpfen. Gehen Sie planmäßig vor:

Wie nutzen Sie die verbleibende Zeit optimal?

1. Machen Sie eine Bestandsaufnahme: Was ist noch zu tun?

☐ Deckblatt   ☐ Abkürzungsverzeichnis

☐ Inhaltsverzeichnis   ☐ Tabellenverzeichnis / Abbildungsverzeichnis

☐ Einleitung   ☐ Literaturverzeichnis

☐ Kapitel schreiben   ☐ Anhang

☐ Schlusswort   ☐ abschließende Erklärung

Fehlende Details nachtragen, und zwar:.................................

Korrekturlesen von:...

Schlusslayout von: ....

Außerdem nicht vergessen:

- ☐ Drucker / Copycenter:
  Terminvereinbarung, Umschlag aussuchen

- ☐ Computer zu Hause: Druckerpatrone, Papier?

- ☐ Im Notfall:
  Ersatzcomputer, -drucker?
  Ansprechpartner für Pannen?

- ☐ Sonstiges: ....

2. Beschränken Sie sich auf das Notwendigste: Was muss unbedingt erledigt werden?

Streichen Sie alle Dinge, die Ihre Arbeit zwar verbessern würden, die aber nicht unbedingt nötig sind, vorerst von Ihrer Liste.

3. Organisieren Sie Unterstützung: Wer könnte wobei wie helfen?

Fachlicher Rat: ....

Korrekturlesen / Schlusslayout: ....

Hilfsarbeiten: ....

Sonstiges: ....

4. Stellen Sie einen Arbeitsplan auf: Wann soll was erledigt werden?

▸ Beginnen Sie mit dem Wichtigsten

▸ Kombinieren Sie für jeden Tag anspruchsvolle und weniger anspruchsvolle Aufgaben

▸ Auch Sie brauchen Pausen, wollen Sie nicht irgendwann vor Erschöpfung zusammenbrechen

▸ Wenn möglich, planen Sie Reserven ein

Tag: .... Tag:...............................

Erledigen: .... Erledigen:..............................

Tag: .... Tag:...............................

Erledigen: .... Erledigen:..............................

Tag: .... Tag:...............................

Erledigen: .... Erledigen:..............................

Das Wichtigste in Kürze

Läuft der Countdown, rufen Sie Ihren persönlichen Last-Minute-Plan ins Leben:

▸ **Gewinnen Sie so viel Zeit wie möglich.**

Bemühen Sie sich ggf. um Fristverlängerung. Sorgen Sie dafür, dass Sie sich von jetzt an ausschließlich auf Ihre Arbeit konzentrieren können. Machen Sie sich systematisch von Ihren sonstigen Verpflichtungen frei. Nehmen Sie alle Hilfen an, die Sie bekommen können.

▸ **Nutzen Sie die verbleibende Zeit optimal.**

Stellen Sie fest, was noch zu tun ist. Beschränken Sie sich auf das Notwendigste. Organisieren Sie Unterstützung. Stellen Sie einen Arbeitsplan auf.

Überblick

4.3. Zum guten Schluss: Die Diplomarbeit vermarkten

Haben Sie Ihre Diplomarbeit am Ende dann trotz aller Hürden fristgerecht abgegeben und eine zufrieden stellende Note erhalten: Herzlichen Glückwunsch! Sie haben es geschafft. Sie können stolz auf sich sein. Mehr noch: Sie sollten den Wert, den Ihre Diplomarbeit zweifellos hat, auch nutzen. In diesem Kapitel erfahren Sie, wie Sie Ihre Diplomarbeit vermarkten können:

▸ Nutzen Sie Vermittlungsdienste für Diplomarbeiten im Internet

▸ Wählen Sie die passende Vermittlungsagentur aus

Als Entscheidungshilfe für die Auswahl erhalten Sie eine praxisbezogene Checkliste.

4.3. Zum guten Schluss: Die Diplomarbeit vermarkten

Auch wenn Sie es sich in den langen Wochen, da Sie Ihre Arbeit schreiben, kaum vorstellen können: Irgendwann ist tatsächlich alles überstanden. Sie haben Ihre Diplomarbeit fristgerecht abgegeben und Ihre Anstrengungen wurden mit einer entsprechenden Note honoriert. Nun steht die Arbeit gebunden in Ihrem Regal, ein Exemplar davon haben Sie vielleicht Ihren stolzen Eltern überreicht – und weiter? Soll das alles gewesen sein?

Nutzen Sie Vermittlungsdienste für Diplomarbeiten im Internet

Langsam und unmerklich setzt Ihre Diplomarbeit Staub an. Galt all die Mühe, die Sie in Ihre Arbeit gesteckt haben, die monatelange Auseinandersetzung mit Ihrem Thema, ausschließlich dem Zweck, das Diplom zu erlangen? Nein. Ihre Diplomarbeit hat darüber hinaus einen Wert und diesen Wert sollten Sie nutzen. Warten Sie nicht, bis Ihre Ergebnisse überholt sind und niemand außer Ihnen und Ihrem Dozenten je zur Kenntnis nimmt, was Sie wissenschaftlich untersucht haben. Machen Sie Ihre Diplomarbeit interessierten Lesern zugänglich.

Dazu nehmen Sie am einfachsten einen Vermittlungsdienst für Diplomarbeiten aus dem Internet in Anspruch. Diese Agenturen funktionieren stets nach demselben Prinzip: Die Agentur stellt über das Internet einen Kontakt zwischen Ihnen als Autor und möglichen Abnehmern (zum Beispiel Unternehmen, Institutionen, andere Studenten) her. Dafür wird die Agentur am Verkaufserlös beteiligt. Dabei verkaufen Sie Ihre Arbeit als Kopie und erhalten pro verkauftes Exemplar ein Honorar. Mit etwas Glück gelingt es Ihnen auf diese Weise, Ihre Anstrengungen zumindest zum Teil in klingende Münze umzuwandeln. Zugleich machen Sie durch die Vermarktung Ihrer Diplomarbeit Werbung in eigener Sache. Sie machen auf sich aufmerksam und wer weiß, ob sich daraus nicht auch noch ungeahnt wertvolle Kontakte entwickeln – im besten Fall sogar zu potentiellen Arbeitgebern.

Das einzige Problem: Der Markt der Diplomarbeits-Vermittlungsagenturen boomt und es erscheinen immer neue Anbieter im Netz.

Auswahl von Vermittlungsagenturen im Internet:

www.academic-transfer.de
www.akadip.de
www.diplom.ch
www.diplom.de
www.diplomaxx.de
www.examicus.de
www.pegasus-agentur.de
www.vdd-online.com

Außerdem können Sie natürlich auch über die normale Recherche mit Suchbegriffen wie etwa „Diplomarbeitenverkauf" fündig werden. Weitere Internetadressen zu Vermittlungsagenturen und zur Vermarktung von Diplomarbeiten finden Sie im Anhang ab S. 260.

Wählen Sie die passende Vermittlungsagentur aus

So ähnlich die Agenturen auch auf den ersten Blick erscheinen, so unterschiedlich können die Geschäftsbedingungen sein. Wenn Sie also jetzt mit dem Gedanken spielen, Ihre Arbeit über eine Agentur zu vermarkten, dann sollten Sie sich erstens schlau machen, welche Agenturen aktuell Ihre Dienste offerieren und zweitens, welche davon für Sie in Frage kommt. Dabei müssen Sie sich nicht zwangsläufig für eine einzige Agentur entscheiden. Die meisten Vermittlungen bieten Verträge an, die es Ihnen gestatten, Ihre Arbeit auch an anderer Stelle publik zu machen. Allerdings sollten Sie sich selbst dann preislich nicht unterbieten. Nehmen Sie die Vermittlungsagenturen unter die Lupe. Finden Sie heraus, welche Agentur zu Ihnen passt.

Checkliste Vermittlungsagenturen von Diplomarbeiten

Zur Agentur allgemein

▸ Überzeugt der Internetauftritt?

▸ Wie professionell und seriös erscheint die Agentur?

▸ Seit wann existiert die Agentur? Wie groß ist sie? Wie viele wissenschaftliche Arbeiten werden angeboten?

▸ Erscheint eine Postanschrift? Ganz wichtig: Werden telefonische Ansprechpartner genannt?

▸ Welche Referenzen gibt die Agentur an? Ist die Agentur beispielsweise durch ein Qualitätssiegel ausgezeichnet? Wird auf bestimmte Kunden, Partner, Presseartikel oder sonstige Referenzen verwiesen?

Besonderheiten der Agentur

▸ Was zeichnet diese Agentur im Vergleich zu anderen Agenturen aus?

▸ Mit welchen Argumenten wirbt die Agentur für sich (zum Beispiel intensive Vermarktung der Arbeiten, ausgefeiltes Internetportal, gute Kontakte zu möglichen Kunden, großer Kundenstamm, langjährige Erfahrung und so weiter)?

▸ Welchen Service bietet Ihnen die Agentur über die Vermittlung Ihrer Arbeit hinaus (zum Beispiel Newsletter, Diskussionsforum)?

Präsentation der Diplomarbeiten

▸ Würde jemand, der am Thema ihrer Diplomarbeit interessiert ist, diese Agentur und Ihre Arbeit im Katalog der Agentur ohne große Umstände finden?

▸ Werden die Arbeiten gut und ansprechend präsentiert?

▸ Scheint der Service (Bestellung, Bezahlung, Lieferkonditionen) für den Käufer zu stimmen?

Vermittlungsangebot

▸ Aus welchen Fachbereichen werden Diplomarbeiten angenommen?

▸ Wie gut muss die Arbeit mindestens benotet sein?

▸ Wie alt darf die Arbeit sein?

▸ Zu welchen Preisen werden die Arbeiten angeboten?

Vertragsbedingungen und finanzielle Regelungen

▸ Haben Sie die Wahl zwischen verschiedenen Verträgen?

▸ Dürfen Sie Ihre Arbeit auch durch andere Agenturen vermarkten? Welche Rechte als Urheber treten Sie ab?

▸ Müssen Sie vorab eine Aufnahmegebühr zahlen?

▸ In welcher Form müssen Sie Ihre Arbeit zu Verfügung stellen?

▸ Besteht die Möglichkeit, die Arbeit mit Autorenprofil, Kurzzusammenfassung oder anderen Begleittexten in den Katalog zu stellen? Wer schreibt diese Texte?

▸ Wer bestimmt den Verkaufspreis Ihrer Arbeit?

▸ Was müssen Sie im Falle eines Verkaufs leisten?

▸ Wie viel Prozent des Verkaufspreises bekommt die Agentur?

▸ Wann und in welcher Form erhalten Sie Ihr Geld?

▸ Wie können Sie den Vertrag kündigen?

▸ Welche Vertragsbedingungen müssen Sie außerdem beachten?

Das Wichtigste in Kürze

Haben Sie Ihre Diplomarbeit zu einem erfolgreichen Abschluss gebracht und Ihre Note erhalten, lassen Sie Ihre Arbeit nicht einfach im Regal verstauben. Profitieren Sie vom Wert Ihrer Diplomarbeit, indem Sie sie vermarkten.

Nutzen Sie Vermittlungsdienste für Diplomarbeiten im Internet

Greifen Sie auf die Dienste einer oder mehrerer Vermittlungsagenturen für Diplomarbeiten aus dem Internet zurück. Diese Agenturen stellen den Kontakt her zu möglichen Interessenten Ihrer Diplomarbeit wie Unternehmen, Institutionen oder anderen Studenten. Dafür wird die Agentur am Verkaufserlös beteiligt. Ihr Vorteil: Sie erzielen dabei nicht nur einen finanziellen Gewinn, sondern machen zugleich auf sich aufmerksam. Möglicherweise können Sie auf diese Weise sogar Kontakte zu potentiellen Arbeitgebern herstellen.

Wählen Sie die passende Vermittlungsagentur aus

Nehmen Sie die verschiedenen Vermittlungsagenturen sorgfältig unter die Lupe. Welche Agentur hat Ihnen was zu bieten? Betrachten Sie dabei das Angebot der Agentur auch einmal aus dem Blickwinkel eines möglichen Käufers Ihrer Diplomarbeit: Ist die Agentur nicht nur für Sie attraktiv, sondern auch für den Kunden? Und wie immer gilt: Achten Sie auf das Kleingedruckte.

Anhang

Ökonomisch recherchieren im Internet

Was können Datenbanken und Online-Dienste leisten und was nicht?

Datenbanken und Online-Dienste bieten Text- und Bildinformationen zu den verschiedensten Themen an. Die Inhalte werden durch Stichwortabfragen oder über Suchverzeichnisse erschlossen. Es kann prinzipiell alles abgefragt werden, was auf den an das Internet angeschlossenen Rechnern gespeichert und zur Nutzung freigegeben ist. Dazu muss man allerdings die entsprechenden Internetadressen („URLs") angeben können. Hierfür gibt es Verzeichnisse und „Suchmaschinen" im Internet, von denen man die wichtigsten kennen sollte. Die oft sehr zahlreichen Informationen müssen vom Nutzer zielgerichtet ausgewählt und auch bewertet werden, um zweckdienliche und zuverlässige Ergebnisse zu erhalten.

Welche Arten von Datenbanken und Online-Diensten gibt es?

Es gibt kostenfreie und kostenpflichtige Datenbanken. Anbieter kostenpflichtiger Datenbanken sind beispielsweise Genios *(www.genios.de)* und GBI *(www.gbi.de)* mit zahlreichen Datenbanken für Wirtschaft, Presse und Management. Dort findet man Pressearchive, Branchen- und Marktdatenbanken, Firmenprofile zur Recherche für die Konkurrenz- und Marktbeobachtung, Management-Know-how-Datenbanken, Biographien und anderes.

Für verschiedene Bereiche und Themengebiete gibt es auch kostenfreie Datenbanken. Eine Übersicht bieten die Seiten *www.internet-datenbanken.de* und *www.datenbanken.de*. In dieser Darstellung soll der Schwerpunkt auf kostenfreien Online-Diensten liegen. Dabei unterscheidet man zwischen Webverzeichnissen, Suchmaschinen und Meta-Suchmaschinen.

Bei einem **Webverzeichnis** (z.B. Yahoo!; Web; Dino-online) werden die Vorschläge redaktionell geprüft. Die Redaktionsmitarbeiter sehen sich die zur Wahl stehenden Internet-Seiten an und treffen eine Vorauswahl. Damit die Daten einer Seite in das Webverzeichnis gelangen, muss diese angemeldet werden. Dies geschieht nur, wenn die Seite als qualitativ hochwertig eingeschätzt wird. Der angezeigte Index von Webverzeichnissen ist strukturiert und in verschiedene Kategorien eingeteilt. Nur wenige Angaben wie Titel, Beschreibung, einige Schlüsselwörter und die Kategorie erscheinen in diesem Index. Aufgrund der Auswahl der Seiten durch ein Redaktionsteam ist der Qualitätsstandard der ausgewählten Seiten hoch – allerdings auch vom Geschmack des jeweiligen Redakteurs abhängig. Für allgemeine Begriffe eignet sich ein Webverzeichnis hervorragend, weil eine überschaubare Ergebnismenge angezeigt wird. Die Aktualisierung erfolgt in größeren Abständen. Für spezielle Begriffe ist eine Suchmaschine besser geeignet.

Bei einer **Suchmaschine** (z.B. Alta Vista, Google, Northern Light) erfolgt die Datenerfassung automatisch. Suchmaschinen sammeln ihre Daten mit spezieller Software, den Robots, die ihre Informationen von den Web-Servern erhalten, bei denen die Web-Seiten abgelegt sind. Über Hyperlinks erfahren die Robots, wo die nächsten Seiten stehen, deren Inhalte auf die Anfragen der Robots an die Suchmaschine übermittelt werden. Ein Robot wandert nicht von Seite zu Seite: Er stellt nur Anfragen, die ihm in Form übermittelter Daten beantwortet werden.

Suchmaschinen erbringen wesentlich umfangreichere Suchergebnisse als Webverzeichnisse. Neben dem Titel einer Internet-Seite führen die Ergebnislisten zum Beispiel auch die ersten Zeilen einer Web-Seite oder das ganze Web-Dokument auf. Deshalb ist hier die Anzahl der Treffer wesentlich größer als bei Webverzeichnissen. Um sinnvolle Ergebnisse zu erhalten, muss der Nutzer den gesuchten Begriff stärker eingrenzen. Die Reihenfolge und damit die Bewertung der Ergebnisse ist unstrukturiert: Sie macht keine Aussage über die Qualität der Internet-Seiten. Suchmaschinen werden in automatischen Abständen aktualisiert.

Meta-Suchmaschinen (Metacrawler; Nettz; MetaGer) können Webverzeichnisse und Suchmaschinen gleichzeitig abfragen. Außerdem sind sie in der Lage, Quellen anzufragen, die für „normale" Suchmaschinen nicht zugänglich sind, beispielsweise Lexika, Telefonverzeichnisse oder Nachrichtendienste. Suchmaschinen prüfen eine größere Anzahl von Web-Seiten als Webverzeichnisse. Da jedoch nicht im Volltext gesucht wird, ist die Ausbeute der jeweiligen Suche eingeschränkt. Für allgemeine Suchanfragen lassen sich Meta-Suchmaschinen gut verwenden. Speziellere Recherchen führt man besser in den abgefragten Quellen durch.

Suchtechniken

Web-Kataloge (Suchverzeichnisse, Webverzeichnisse)
Da Web-Kataloge hierarchisch gegliederte Verzeichnisse mit zahlreichen Rubriken sind, kann man sie durch Anklicken der Verzeichnisrubriken erschließen. Spätestens auf der unteren hierarchischen Ebene, häufig aber auch schon auf höheren Ebenen, werden Links zu inhaltlich passenden Internet-Seiten aufgelistet, die häufig noch mit einer kurzen Beschreibung versehen sind. Oft kann man zusätzlich mit Stichworten im Gesamtkatalog suchen und so unmittelbar zu Verzeichnisrubriken kommen, in denen sich die gesuchten Inhalte befinden.

Suchmaschinen

Da die Ergebnisse von Suchmaschinen unstrukturiert dargestellt werden und sehr umfangreich sein können, ist es sinnvoll, die Suche möglichst effektiv zu gestalten.

▸ Wenn Sie eine Suchmaschine wie Google benutzen, genügt es, einen Begriff einzugeben, der dem gesuchten Inhalt am ehesten entspricht: Die Maschine sucht dann nach genau diesem Wort oder nach allen Wörtern, die mit diesem Wortteil beginnen. Liefert diese Vorgehensweise zu viele Ergebnisse, kann man einen weiteren Begriff eingeben und nach allen Internet-Seiten suchen lassen, die beide Begriffe beinhalten. Hinweise zu erfolgreichen Suchstrategien finden Sie übrigens in der jeweils angebotenen Hilfefunktion.

▸ Bei einigen Suchmaschinen (z.B. Fireball) ist es ratsam, am Ende des Suchwortes ein Sternchen (*) einzugeben. Dies hat zur Folge, dass nach allen Begriffen gesucht wird, die mit den eingegebenen Buchstabenkombinationen (Wörtern) beginnen. Geben Sie zwei oder mehr Worte ein, ist eine Und-Verknüpfung sinnvoll: Dazu schreibt man vor jeden der Suchbegriffe ein Pluszeichen (+) und trennt die Begriffe (einschließlich Pluszeichen davor) mit einer Leertaste. Wenn man zum Beispiel etwas über Bauaufsicht in Bayern erfahren möchte, gibt man Folgendes ein:

+bauaufsicht* +bayer*

Auf diese Weise findet man alle Seiten, die gleichzeitig Begriffe wie zum Beispiel „Bauaufsicht" oder „Bauaufsichtsbehörde" und „Bayern" oder „bayerisch" enthalten.

Nach Sequenzen von Suchworten, die in den gefundenen Dokumenten unmittelbar hintereinanderstehen müssen, („Phrasen") sucht man meist, indem man die Suchbegriffe (durch Leerzeichen getrennt) in Anführungszeichen setzt, zum Beispiel:

„Deutsche Gesellschaft für Supervision"

▸ Je nach Suchmaschine ist auch eine Einschränkung auf ein Land und / oder eine Sprache sowie einen bestimmten Zeitraum (Suche nach Datum) möglich.

Genauere Informationen zur Vorgehensweise gibt die in jeder Suchmaschine angebotene Bedienungshilfe.

Suchstrategien

Wichtig ist vor allem die Auswahl einer geeigneten Datenbank, eines geeigneten Verzeichnisses, einer Suchmaschine oder einer Bookmark- oder Favoritensammlung. In Frage kommen:

▸ Die eigene, im Laufe der Zeit immer umfangreicher werdende Sammlung von Bookmarks bzw. Lesezeichen (in Netscape) oder Favoriten (im Internet Explorer)

▸ Ein Web-Katalog wie Yahoo, Web.de, Dino oder ein anderes Webverzeichnis

▸ Eine große Suchmaschine wie Google oder AltaVista

▸ Eine Metasuchmaschine, die mehrere Suchmaschinen und Webverzeichnisse parallel durchsucht.

Suchmaschinen, Verzeichnisse und Nachschlagewerke im Internet

Suchmaschinenverzeichnisse

About.com Web Search *http://websearch.about.com*
Geringe Zahl von Suchmaschinen, teilweise auch kostenpflichtig, Newsletter

Beaucoup *http://www.beaucoup.com*
Neben allgemeinen und speziellen Suchmaschinen kann auch nach einzelnen Begriffen gesucht werden.

BotSpot *http://www.botspot.com*
Alles über Suchagenten, Bots, Robotliste, Links

Burks *http://www.burks.de/search.html*
Ausführliches Suchmaschinenverzeichnis, Datenbanken und Links

Heise *http://www.heise.de/ct/99/23/172/tabelle1.shtml*
Sammlung bekannter Suchmaschinenverzeichnisse und Datenbanken

Klug suchen *http://www.klug-suchen.de*
Verzeichnis deutschsprachiger Suchmaschinen

Netville *http://www.netville.ch/technik/internetservice.htm*
Umfangreiche Übersicht über internationale, deutsche und Schweizer Suchmaschinen und thematische Verzeichnisse

Search Engine Watch *http://www.searchenginewatch.com*
Umfangreiche Informationsquelle zu den wichtigsten Suchmaschinen, gute Tipps zu Suchstrategien

Searchcode.de	*http://www.searchcode.de* Umfangreiches, internationales Such- maschinenverzeichnis
Suchfibel	*http://www.suchfibel.de* Website zum Thema Suchen mit umfas- sendem Angebot an Suchmaschinen
Suchmaschinenfinden	*http://www.suchmaschinenfinden.de* Register thematisch geordneter Such- maschinen
Yabba!	*http://www.yabba.de* Übersichtliches Suchmaschinenver- zeichnis/-archiv zu Themenbereichen wie Bildung, Wirtschaft, Politik etc.

Internationale Metasuchmaschinen

Ixquick	*http://www.ixquick.com* Vielseitige Suchmaschine für Doku- mente, Bilder, MP3s und Nachrichten
Mamma	*http://www.mamma.com* Verzeichnis, Suchmaschinenauswahl
MetaCrawler	*http://www.metacrawler.com* Knapp gefasste, übersichtlich geglie- derte Informationsquelle
Multimeta	*http://www.multimeta.com* Thematisch untergliederte Recher- chequelle mit Links zu anderen Such- maschinen
Searchengineguide	*http://searchengineguide.com* Übersicht über Suchmaschinen
Search	*http://search.cnet.com* Themenbereiche sind zwar klar geord- net, teilweise jedoch sehr allgemein.

Deutsche Metasuchmaschinen

Apollo 7
http://www.apollo7.de
Suchmaschinenauswahl und individuelle Suchzeiteinstellung möglich

Metacrawler
http://www.metacrawler.de
Metasuchmaschinenverzeichnis und
Domainauskunft

MetaGer
http://www.metager.de
Beste deutsche Metasuchmaschine:
Dubletten Eliminierung, Suchmaschinenauswahl, Suchzeiteinstellung

Metaspinner
http://www.metaspinner.de
Metasuchmaschine, diverse Spezialsu-
chen

Nettz
http://www.nettz.de
Klar gegliederte Metasuchmaschine,
die u.a. individuelle Suchen ermöglicht

Internationale thematische Verzeichnisse

MetaPlus
http://www.metaplus.com
Rubriken klar strukturiert und übersichtlich.

Open directory project
http://www.dmoz.org
Klar strukturiertes und übersichtliches
Verzeichnis, das mit Suchmaschinen
verknüpft ist

Yahoo
http://www.yahoo.com
Der bekannteste Katalog, verfügt über
sehr umfangreiche Datenbank, Angebot diverser Serviceleistungen und
aktueller Meldungen

Deutsche thematische Verzeichnisse

Alles klar(!)
http://www.allesklar.de
Thematisch geordnete, umfangreiche Recherchequelle

Dino
http://www.dino-online.de
Branchenverzeichnis, Nachrichten, regionales Verzeichnis

Excite
http://www.excite.de
Links zu den Themen Wirtschaft, Gesellschaft, Medien, Sport, Wissen

Sharelook
http://www.sharelook.de
Gut strukturiertes Verzeichnis mit vielseitigem Inhalt

Web
http://web.de
Umfangreiches Verzeichnis mit Nachrichten, Topsites und Usenet-Recherche

Yahoo.de
http://www.yahoo.de
Suche in internationalen Rubriken

Internationale Suchmaschinen

AltaVista
http://www.altavista.com
Eine der umfangreichsten Suchmaschinen. Suche nach Sprache, Link, Domain, Host, Title, URL, NEAR etc.; Assistent

Excite
http://www.excite.com
Suche nach Ländern, Regionen und Ähnlichem; Assistent

Alltheweb
http://www.alltheweb.com
Ähnlich wie Google: Einfach und schnell. Zusätzlich Suche nach Musik, Medien und Dateien; FTP-Suche

Google
http://www.google.com
Die wahrscheinlich umfangreichste, aktuellste und gleichzeitig schnellste Suchmaschine mit den besten Ergebnissen

HotBot
http://www.hotbot.com
Suche nach Regionen, Medientypen, Domains etc.

Lycos
http://www.lycos.de
Internationale und deutsche Suchmaschine und Katalog. Suche nach Region; Bilder- und Sound-Suche; Assistent

MSN Search
http://www.search.msn.com
Suchmaschine von Microsoft, thematisch gegliedert

Northern Light
http://www.northernlight.com
Umfangreiche Recherchequelle mit speziellen Suchmöglichkeiten (z.B. Business, Geo)

Deutsche Suchmaschinen

Abacho
http://abacho.de
Unübersichtlich aufgebaute Suchmaschine, die trotzdem gute Ergebnisse liefert

Acoon
http://www.acoon.de
Sehr schnelle und vielseitige Suchmaschine. Suchanfrage kann an einen Online-Berater übermittelt werden.

AltaVista
http://www.altavista.de
Boolesche Suchstrings möglich, News

Excite
http://www.excite.de
Suche nach Bildern und Medien möglich

Fireball	*http://www.fireball.de* Suche in einem umfangreichen Katalog nach Usenet News und Groups
Google	*http://www.google.de* Deutsche Version von Google.com. Ebenso umfangreich, aktuell und schnell wie die internationale Ausgabe
Lycos	*http://www.lycos.de* Katalog diverser Suchdienste

Suchmaschinen für Medien: Bilder, Musik, etc.

AltaVista Photo and Media Finder	*http://altavista.com/image* Suchmaschine für Fotos und diverse Medien
Ditto.com	*http://www.ditto.com* Internationale Bildersuchmaschine
Fireball	*http://www.fireball.de* Leistungsfähige Suchmaschine, die deutsche und englische Seiten nach Bildern durchsucht, sehr guter Filter, der pornografische Fotos wirksam eliminiert.
Google	*http://images.google.de* Die umfassendste Bildersuche im Internet

Suchmaschinen für Usenet, Mailinglisten, FAQs, IRC-Kanäle etc.

Google Groups	*http://www.groups.google.com* Durchsuchung des Usenet nach Schlagworten
kbx	*http://www.kbx.de* Sehr großes Verzeichnis von Mailinglisten

Liszt	*http://liszt.com* Katalog und Suchmaschine internationaler Mailinglisten
Newzbot	*http://www.newzbot.com* Verzeichnis öffentlicher News-Server, Use-Server-Suchmaschinen
The Internet FAQ Archives	*http://www.faqs.org* Meta-Site mit Verweisen zu Hunderten von FAQs
Tile.net	*http://tile.net* Internationale Mailinglisten, Usenet Gruppen, ftp-Sites

Sonstige Suchmaschinen und Verzeichnisse

Findolin	*http://www.findolin.com* Suche nach Newsservern, Links zu Suchmaschinen
Lexikon.ch	*http://www.lexikon.ch/* Spezielle Suchmaschine für Lexika, Thesauri (Synonymwörterbücher), Wörterbücher, Zitatesammlungen, Abkürzungsverzeichnisse und Reimlexika im Internet
Newscan.online	*http://www.newscan-online.de/quellen.html* Durchsucht täglich zahlreiche Nachrichtenquellen
Paperazzi	*http://www.paperazzi.de* Suchmaschine für deutsche und englische Zeitungsartikel
Paperball	*http://www.paperball.de* Suchmaschine für deutsche Online-Zeitungen

Nachschlagewerke, universelle Informationsangebote

Britannica online   *http://www.britannica.com*
Online Ausgabe der Encyklopaedia Britannica

Leo Dictionary   *http://dict.leo.org*
Deutsch-englisches Wörterbuch

Wissen.de   *http://www.wissen.de*
Wissenssuchmaschine, Wissensbibliothek des Bertelsmann Verlags

WWWebster   *http://www.m-w.com*
Gutes englisches Wörterbuch mit Thesaurus

WWWissen   *http://www.heise.de/ct/00/01/084/default.shtml*
Artikel zum Thema „Nachschlagen im Netz" mit zahlreichen Quellen

Xipolis   *http://www.xipolis.net*
Wissenssuchmaschine, Wissensbibliothek, u.a. mit Online-Ausgaben von Meyers Lexikon, Brockhaus Enzyklopädie, Kindlers Literaturlexikon

Your dictionary   *http://www.yourdictionary.com*
Umfangreiche Linksammlung zu verschiedensprachigen Wörterbüchern

Nützliche Internetadressen

Allgemeine Infos und Tipps

http://www.studserv.de
Umfangreiches Studentenportal mit Tipps und Infos zum Thema
Abschlussarbeiten inklusive Verknüpfungen zu Vermittlungsa-
genturen für Seminar- und Diplomarbeiten

http://www.bildungsserver.de
Unter der Rubrik „Studierende" finden sich Linksammlungen zu
Themen rund ums Studium von Literaturrecherche über Such-
maschinen bis hin zur Vermittlung von Diplomarbeiten.

http://www.fh-niederrhein.de/fb06/stud/matthes
„Diplom Reader". „Wissenswertes rund um die Diplomarbeit",
„Tipps und Tricks zur Textverarbeitung unter Word für Windows
6.0" (gelten aber auch für jüngere Word-Versionen). Komplette
Anleitung zur Arbeit an einer Diplomarbeit von der Themenfindung bis zum Literaturverzeichnis unter Ausschöpfung der Möglichkeiten von Word. Die Beispiele stammen aus dem Bereich
der Sozialwissenschaften, sind aber auch auf andere Fachgebiete
übertragbar. Autor ist Holger Matthes.

http://www.studentenseite.de/
Studentenseite.de ist ein Internetangebot von Studierenden für
Studierende und bietet neben vielen nützlichen Dingen fürs Uni-
Leben (dazu gehört in diesem Fall das Schreiben wissenschaft-
licher Arbeiten) auch zahlreiche Angebote für die Zeit nach den
Vorlesungen.

http://www.dissonline.de/
Alles über das Publizieren von wissenschaftlichen Arbeiten im
Internet; Recherchemöglichkeiten nach Dissertationen und
Links zu Projekten, Bibliotheken und Datenbanken.

http://doktorandenforum.de/tipps/index.htm
Anspruch dieser Seite ist es nicht, einen kompletten Ratgeber zur Arbeitsorganisation von Dissertationen zu erstellen, sondern vielmehr einzelne technische Aspekte, die Nutzern dieser Seiten persönlich besonders aufgefallen sind, zu benennen. Die Seite umfasst unter anderem diese Bereiche:

▸ Dateiverwaltung
▸ Umgang mit Textverarbeitung (Word) und Literaturverwaltung. Vorschläge für ein computerisiertes Literaturverzeichnis. Autotextbenutzung und Fußnotenformatierung
▸ Sonstiges: Druck, Steuern, VG Wort.

www.studisurf.ch/studium/diplomarbeiten/
Die führende Plattform für deutschsprachige Studentinnen und Studenten von Schweizer Universitäten und Fachhochschulen. Auf der Seite „Diplomarbeiten" stehen mehr als 5.000 Diplom-, Lizentiats- und Doktoratsarbeiten zum Downloaden zur Verfügung.

www.students.ch/studium/page_index.php
Students.ch gibt allgemeine Informationen rund ums Studieren in der Schweiz. In der Rubrik „Studium" findet man Online-Recherche-Tipps.

Bachelor und Master

http://www.hrk.de
Hochschulrektorenkonferenz
unter Service für Hochschulmitglieder → Bachelor / Master

http://www.studienwahl.de
Studien- und Berufswahl
unter Studium → Abschlüsse → Bachelor/Master

http://www.wege-ins-studium.de
Netzwerk „Wege ins Studium"
unter Bachelor und Master

http://www.studis-online.de
Internet-Portal für Studierende
unter Studium → Studienwahl → Studienabschlüsse

Textverarbeitungsprogramm

http://www.zki.hs-magdeburg.de/service/schulungen/#Cap5
Lehrgang zur Verwendung von MS Office-Programmen bei der
Erstellung von Examensarbeiten etc. Autor: Olaf Salchow, Zen-
trum für Kommunikation und Informationsverarbeitung der FH
Magdeburg-Stendal.

*http://www.members.aon.at/datagraph/1999/99-1/Umfang-
reiche.htm*
Tipps zur Bearbeitung umfangreicher Dokumente in Microsoft
Word, Autor: Klaus Starl.

http://edoc.hu-berlin.de/e_autoren/vorlage.php
Formatvorlage für Microsoft Word. Diese Seite der HU Berlin
bietet Ihnen die Möglichkeit, Formatvorlagen, die für das Schreiben einer Dissertation, Diplomarbeit oder einer sonstigen wissenschaftlichen Arbeit nötig sind, herunterzuladen. Für fast alle
Word-Versionen (auch für den MAC).

Literaturverwaltungsprogramm

Online Literaturverwaltung
http://www.librarything.de/
Library Thing

Freeware
http://www.citavi.com/
Citavi free

http://cogweb.iig.uni-freiburg.de/biblist/
Biblist

http://www.lit-link.ch/
LitLink

Kommerzielle Programme
http://www.gelit.de/
Gelit (auch als Shareware mit begrenztem Funktionsumfang vorhanden)

http://www.citavi.com/
Citavi pro

http://www.softguide.de/prog_u/pu_0473.htm
EndNote (30 Tage Testversion)

http://www.liman.de/
Liman Literaturmanager

http://www.adeptscience.de
unter Produkte → Literaturverwaltung (Demoversion vorhanden)
Reference Manager

http://www.adeptscience.de
unter Produkte → Literaturverwaltung (Demoversion vorhanden)
ProCite

http://home.mybibliographix.de/
Bibliographix Pro

http://www.intranda.com/Dr/index.php
intranda

http://www.visualcomposer.net/index.aspx
Visual Composer

Softwaretest

http://paedpsych.jk.uni-linz.ac.at/internet/arbeitsblaetterord/
literaturord/Literaturverwaltung.html
Werner Stangls Arbeitsblätter: Kriterien und Tests für Literaturverwaltungsprogramme

http://iasl.uni-muenchen.de/
Joachim Eberhardt: Über Literaturverwaltungsprogramme,
Dokumentmanager und andere elektronische Helfer

Zitierweisen von Internetquellen

http://www.bleuel.com
Von dieser Website kann ein grundlegender Artikel über Zitierweisen von Internet- und anderen Online-Quellen heruntergeladen werden; Autor: Jens Bleuel.

http://www.bedfordstmartins.com/online/citex.html
Englische Website zum Standardwerk „Online: A reference guide
to using internet sources" von Andrew Harnack und Eugene Klep-
pinger, St. Martin's Press 2000. Enthält die wesentlichen Infos zum
Thema, zahlreiche weiterführende Links sowie einen Bereich mit
„FAQs" (Frequently Asked Questions) zum Thema, aber auch zu
diversen anderen Problemen im Zusammenhang mit der Nutzung
des Internets für das wissenschaftliche Arbeiten.

Bibliothekskataloge und -verzeichnisse

http://www.sub.uni-goettingen.de/ebene_1/1_doklie.htm.de
Die Niedersächsische Staats- und Universitätsbibliothek Göttingen bietet unter der Adresse einen guten Überblick über Dokumentlieferdienste von kommerziellen Anbietern und Bibliotheken (Subito, Jason, Ingenta).

http://www.ubka.uni-karlsruhe.de/kvk.html
Dienst der Universitätsbibliothek Karlsruhe: durchsucht zahlreiche deutsche und ausländische Verbundkataloge sowie Einzelkataloge gleichzeitig.

http://www-opac.bib-bvb.de
Über den OPAC des Bayerischen Bibliotheksverbundes können Sie in folgenden Katalogen recherchieren:
▸ Bibliotheksverbund Bayern(BVB)
▸ Südwestdeutscher Bibliotheksverbund (SWB)
▸ Gemeinsamer Bibliotheksverbund Göttingen (GBV)
▸ Zentrale Zeitschriftendatenbank (ZDB)
▸ Deutsche Bibliothek (DDB)
▸ Verbundkatalog DBI.

http://www.infoball.de
Infoball sucht in internationalen Bibliotheken und Spezialdatenbanken nach Fachliteratur zu beliebigen Themen. In wenigen Sekunden wird eine detaillierte Literaturliste zusammengestellt. Die Informationsrecherche ist kostenlos.

http://www.grass-gis.de/bibliotheken
Verzeichnis deutscher und internationaler Bibliothekskataloge, Lexika, Wörterbücher und deutschsprachiger Tageszeitungen

http://www.biblint.de
Recherche in Bibliotheken, Bibliographien, Datenbanken und
Zeitungsarchiven mit dem Schwerpunkt Geisteswissenschaften.

www.bibliothek.ch
Das Portal bietet zahlreiche Links zu den wichtigsten Schweizer
Hochschul-, Kantons- und Gemeindebibliotheken sowie zu ausgewählten thematischen Spezialbibliotheken und Online-Buch-
handlungen.

www.nebis.ch
Im Netzwerk von Bibliotheken und Informationsstellen in der
Schweiz (NEBIS) haben sich über 80 Bibliotheken von Hochschulen, Fachhochschulen und Forschungsanstalten aus allen
Sprachregionen zusammengeschlossen. Der NEBIS Katalog verzeichnet insgesamt ca. 3 Millionen Titel: Bücher, Serien, Zeitschriften und Non-Book-Materialien. Die meisten Dokumente
können online bestellt werden. Voraussetzung für die Ausleihe
ist die Einschreibung als Benutzer in einer NEBIS Bibliothek.

www.switch.ch/libraries
Umfangreiche Liste wesentlicher wissenschaftlicher Bibliotheken in der Schweiz.

Vermarktung von Diplomarbeiten

http://www.akadip.de
Akademischer Diplomarbeiten-Service, Vermarktung von Diplom-
arbeiten und Vermittlung von Praxisdiplomarbeiten, außerdem
Linkliste zum Thema Diplomarbeit und Studium

http://www.academic-transfer.de
Vermarktung von Abschlussarbeiten ohne Vermittlungsgebühr

http://www.diplomarbeiten.com
Vermittelt werden Diplomarbeiten und Dissertationen sowie zu vergebende Diplomarbeitsthemen von Universitäten, Fachhochschulen und Unternehmen. Die Website enthält zudem eine Sammlung von Links, Büchern, Artikeln und Studien, eine Diplomandendatenbank, eine Diplomarbeitenbörse und die Möglichkeit zur Veröffentlichung der eigenen Diplomarbeit.

http://www.diplomarbeiten24.de
Neben Tipps rund um die Diplomarbeit werden ausschließlich Abschlussarbeiten zu unterschiedlichen Themen angeboten mit Textausschnitten und Probekapiteln. Der vollständige Text kann zum angegebenen Preis heruntergeladen werden. Die Vermarktung von Diplomarbeiten erfolgt ohne Gebühr.

http://www.diplomaxx.de
Vermittlung und Vermarktung von wissenschaftlichen Arbeiten

http://www.diplom.de/welcome.html
Diplomarbeitenagentur, die Wirtschaftsstudien, Diplomarbeiten und wissenschaftliche Abschlussarbeiten aller Fachbereiche vermarktet. Der Schwerpunkt liegt auf Wirtschaftsthemen.

http://www.examicus.de
Examicus bietet einen Katalog von Abschlussarbeiten, Dissertationen und Seminararbeiten, geordnet nach Studienfachgruppen. Neben einer Bestsellerliste sind zahlreiche Infos zum Thema Hochschularbeiten und deren Vermarktung zu finden.

http://www.hausarbeiten.de
Eines der größten Verzeichnisse von Hausarbeiten, Referaten und Aufsätzen aus verschiedensten Fachbereichen

http://www.imafdi.de/imafdi_links20/
Verzeichnis mit Diplomarbeiten zu Themen wie Internet, E-Business oder Virtuelle Communities

http://fwpf.de
Der Verlag „Fördergemeinschaft wissenschaftlicher Publikationen von Frauen" (fwpf) unterstützt wissenschaftliche Leistungen von Forscherinnen unter anderem durch die Veröffentlichung herausragender Dissertationen und Magisterarbeiten. Im Gegensatz zu anderen Verlagen verlangt die fwpf keinerlei Druckkostenzuschüsse und zahlt Tantiemen ab dem ersten verkauften Exemplar.

http://www.karriere.de
Informationsplattform für Studierende mit einer Diplomarbeitenbörse, die Angebote von Unternehmen zur Betreuung praxisnaher Diplomarbeiten enthält

http://www.pegasus-agentur.de
Vermarktung von Diplom-, Magister- und Seminararbeiten von Studenten an Unternehmen und andere Interessenten

http://www.studis-online.de/Studieren/referate.php
Studentenportal mit Sammlung von Referaten, Haus- und Diplomarbeiten

http://www.TK-diplom.de
Auf dieser Seite kann man Abschlussarbeiten kaufen oder die eigene Diplomarbeit vermitteln lassen.

http://www.uni-duesseldorf.de/ulb/univhs.html
Ausführliche Sammlung von Links, Datenbanken, Archiven und Projekten zum Thema elektronisches Publizieren von Hochschulschriften, zusammengestellt von der Universitäts- und

Landesbibliothek Düsseldorf. Hier findet sich auch eine Linksammlung zu Diplomarbeitenagenturen und -börsen.

http://www.vdd-online.com
Der VDD ist ein Vermarktungsportal für Hochschulstudien und Diplomarbeiten mit Informationen für Unternehmen und Studenten sowie einem Themenkatalog mit Stichwortsuche.

http://www.student-online.net/suchen2.shtml
Die Datenbank soll der wissenschaftlichen Recherche dienen. Sie finden hier Hausarbeiten, Examensarbeiten sowie unabhängige Texte. Etliche Dokumente können kostenlos heruntergeladen werden.

(Alle Adressen Stand: 18.04.07)

Weiterführende Literatur

Ulrich Andermann, Martin Drees, Frank Grätz „Duden. Wie verfasst man wissenschaftliche Arbeiten?" Mannheim, Wien Zürich 2006

Axel Bänsch „Wissenschaftliches Arbeiten: Seminar- und Diplomarbeiten" München, Wien 1999

Alfred Brink „Anfertigung wissenschaftlicher Arbeiten. Ein prozessorientierter Leitfaden zur Erstellung von Bachelor-, Master- und Diplomarbeiten in 8 Lerneinheiten", München 2005

Karl Dieter Bünting, Axel Bitterlich, Ulrike Pospiech „Schreiben im Studium mit Erfolg. Ein Leitfaden mit CD-ROM" Berlin 2006

Umberto Eco „Wie man eine wissenschaftliche Arbeit schreibt" Heidelberg 2000

Helga Esselborn Krumbiegel „Von der Idee zum Text. Eine Anleitung zum wissenschaftlichen Schreiben" Paderborn 2002

Jean-Pierre Fragniere „Wie schreibt man eine Diplomarbeit?" Bern, Stuttgart, Wien 2000

Gerhard Gerhards „Seminar-, Diplom- und Doktorarbeit" Stuttgart 1995

Walter Krämer „Wie schreibe ich eine Seminar-, Examens- oder Diplomarbeit?" Frankfurt a.M., New York 1999

Otto Kruse „Keine Angst vor dem leerem Blatt. Ohne Schreib-blockaden durchs Studium" Frankfurt, New York 2000

Ingmar Langer, Friederich Schulz von Thun, Reinhard Tausch „Sich verständlich ausdrücken" München 1999

Klaus Poenicke „Wie verfasst man wissenschaftliche Arbeiten? Ein Leitfaden vom ersten Studiensemester bis zur Promotion" Mannheim 1988

Wolfram Rossig, Joachim Praetsch „Wissenschaftliches Arbei-ten. Ein Leitfaden für Haus-, Seminar-, Examens- und Diplomar-beiten sowie Präsentationen" Bremen 2002

Georg Rückriem, Joachim Stary, Norbert Franck „Die Technik des wissenschaftlichen Arbeitens. Ein praktische Anleitung" Paderborn 1997

Roy Sommer „Schreibkompetenzen. Erfolgreich wissenschaft-lich schreiben. Klausuren, Seminararbeiten Examensarbeit, Bachelor / Masterarbeit" Stuttgart 2006

Christine Stickel-Wolf, Joachim Wolf „Wissenschaftliches Arbeiten und Lerntechniken. Erfolgreich studieren – gewusst wie" Wiesbaden 2002

Lutz von Werder „Kreatives Schreiben von Diplom- und Doktor-arbeiten" Berlin, Milow 2000

Stichwortverzeichnis

„Der Rettungsanker für den Sprung ins ‚kalte Wasser'
und ein rundum gelungener Begleiter für die ersten
Karriereschritte."

www.trendemployer.de

Monika Scheddin
Erfolgsstrategie Networking
Business-Kontakte knüpfen, organisieren
und pflegen – mit großem Adressteil
ISBN: 978-3-8214-7647-6
275 Seiten, broschiert
€ 16,80 / CHF 27,90

Doris Brenner
Schön, dass Sie da sind!
Karrierestart nach dem Studium
ISBN: 978-3-8214-7662-9
237 Seiten, broschiert
€ 16,80 / CHF 27,90

Gitte Härter
Ja, nein, vielleicht?
Entscheidungen leichter treffen
ISBN: 978-3-8214-3002-7
201 Seiten + CD-ROM, gebunden
€ 16,- / CHF 26,90

Isabel Nitzsche
**Business-Spielregeln
rund um den Globus**
ISBN: 978-3-8214-7660-5
229 Seiten, broschiert
€ 16,80 / CHF 27,90